Lb⁴³. 266.

Par Debauve. Voy. Quérard.

LA STATUE DE PITT,

OU

LE CHARLATAN DU XVIIIe. SIÈCLE,

TERRASSÉ

PAR L'HOMME DU XIXe.

LA STATUE DE PITT,

OU

LE CHARLATAN DU XVIIIe. SIÈCLE,

TERRASSÉ

PAR L'HOMME DU XIXe.

> O Nature ! prête-moi tes sublimes pinceaux pour soulever, s'il est possible, le genre humain contre Pitt, son plus cruel ennemi ! Permettras-tu qu'il immole l'Univers, qu'il a mis en feu, à son ambition et à sa vengeance ?

PARIS,

An XII. — 1803.

INTRODUCTION.

Moi aussi, je voulais faire un livre ! j'en avais fait un ; mais me rappellant la réflexion du bon La Fontaine, *les longs ouvrages font peur*, j'ai pris le parti de ne mettre au jour qu'une brochure, qui est, en quelque sorte, l'extrait de l'ouvrage que j'avais fait.

J'ai recouru à des autorités toutes les fois que je l'ai pu, pour appuyer mon opinion, aimant mieux donner de bonnes choses provenant du cru des autres, que des sottises du mien.

Je me suis servi du Dialogue entre un Anglais et un Français, parce que ce genre d'écrire a quelque chose de piquant, donne de la chaleur, et aiguillonne l'intérêt du Lecteur.

Cet ouvrage sera divisé, par ordre de matière, en huit dialogues.

INTRODUCTION.

PREMIER DIALOGUE.
Pitt mérite-t-il la réputation colossale dont il jouit ?

IIe DIALOGUE.
La crise qui menace l'Angleterre est l'ouvrage de Pitt.

IIIe DIALOGUE.
Pitt cherche tous les moyens de se venger de Bonaparte. L'anarchie la plus complète est le résultat qu'il attend de sa chûte.

IVe DIALOGUE.
La Providence tenait Bonaparte en réserve pour l'opposer à Pitt, le génie de la destruction, et préserver la France et l'Europe d'un bouleversement général.

Ve DIALOGUE.
Pitt, à la faveur de la division, trouva le secret de faire de la France la tour de Babel ; de renverser l'ancien gouvernement ; de faire tuer les Français les uns par les autres.

VIe DIALOGUE.
La réunion de tous les esprits, de tous les partis contre l'Angleterre, est pour la fière Albion la tête de Méduse.

VIIe DIALOGUE.
La mauvaise-foi, la déloyauté, l'injustice des Anglais rendent la descente des Français en Angleterre nécessaire et indispensable.

VIIIe DIALOGUE.
La descente des Français en Angleterre, soit qu'ils soient vainqueurs, soit qu'ils soient vaincus, doit donner l'éveil aux autres nations, occasionner la chûte du gouvernement Anglais ou de l'Angleterre.

LA STATUE DE PITT,

OU

LE CHARLATAN DU XVIIIe SIÈCLE,

TERRASSÉ

PAR L'HOMME DU XIXe,

PREMIER DIALOGUE.

Pitt mérite-t-il la réputation colossale dont il jouit ?

L'ANGLAIS.

Nous voilà donc encore en guerre avec vous !

LE FRANÇAIS.

C'est à votre M. Pitt qu'il faut en imputer la cause.

L'ANGLAIS.

Où diable allez-vous chercher M. Pitt ?

LE FRANÇAIS.

Il est toujours caché derrière la toile, fait jouer tous les ressorts, et conduit l'Angleterre comme la Providence, sans paraître ; car le roi Georges n'est que de représentation. C'est Pitt et son parti qui gouverne ; et avancé comme il l'est, il ne veut pas reculer : il sacrifiera son roi et sa nation, qui ne reconnaîtront leur aveuglement et la nullité de Pitt, que quand il ne sera plus tems.

L'ANGLAIS.

La nullité de Pitt ! Vous paraissez douter de ses talens. Chez vous, Français, vous ne jurez que par Bonaparte ; vous ne permettez pas aux Anglais de payer à Pitt le tribut de considération et de reconnaissance qu'ils lui doivent.

LE FRANÇAIS.

La différence qu'il y a entre la France et l'Angleterre, c'est que la France n'a pas à rougir de ses hommages ; l'univers partage ses sentimens. L'Angleterre peut-elle en dire autant de l'homme dont elle veut faire un dieu ? Je vais considérer avec impartialité, si

Pitt est, ainsi qu'on l'a dit, le pilote qui a conjuré l'orage. Pour moi, je compare Pitt aux bâtons flottans de La Fontaine :

De loin c'est quelque chose, et de près ce n'est rien.

L'ANGLAIS.

Le jugement que vous portez de Pitt est fort hasardé.

LE FRANÇAIS.

Appellerez-vous d'un jugement rendu par un des pairs de Pitt ?

L'ANGLAIS.

Quel est ce jugement ?

LE FRANÇAIS.

C'est celui de Nichols, qui, dans le discours qu'il prononça au mois de nivôse an VI au parlement, dit avec justesse : « Je reconnais dans Pitt le maximum de l'habileté d'un gladiateur politique ; mais je le crois au dernier degré, comme homme d'état. »

Le voilà donc irrévocablement jugé, ce

grand Pitt, dont tout le mérite consiste à emprunter, à diviser, à armer la moitié du genre humain contre l'autre. Je ne sais en vérité pas comment il a pu réussir à fasciner les yeux des habitans de la Grande-Bretagne, leur persuader qu'il est le pilote qui a conjuré l'orage. Il croit sans doute le conjurer encore, en abusant de son ascendant sur l'esprit de sa nation pour lui faire violer le traité qui a été fait entre l'Angleterre et la France. N'est-ce pas ici le *fides punica*, qui doit creuser le tombeau de l'Angleterre? car la prospérité fondée sur l'injustice et la mauvaise foi n'est pas de longue durée. Le tonnerre de l'opinion publique gronde sur la tête de Pitt; elle est au moment de prononcer son jugement, de le flétrir de sa censure, de le clouer pour jamais au poteau de l'infamie. C'est ainsi qu'elle arrêtera le cours des calamités publiques qu'il a causées, qu'elle préviendra le retour des crimes dont il s'est rendu coupable.

L'ANGLAIS.

Où en voulez-vous venir? Ne dites pas de mal de M. Pitt.

LE FRANÇAIS.

Sans doute Pitt et ses adhérens voudraient bien fermer la bouche aux malheureux qu'il a faits, aux dupes qu'il a trompées, et ne leur laisser que la faculté de dire :

<blockquote>Vous leur fîtes, Seigneur,
En les croquant beaucoup d'honneur.</blockquote>

Mais il a beau faire, il ne réussira pas à étouffer les plaintes. Cessez de vanter votre M. Pitt, qui a fait couler des torrens de larmes et des fleuves de sang humain. Il a fait le mal avec un sang-froid que n'eurent jamais ni les Séjan, ni les Olivarès. Il semblait trouver de la volupté à faire des malheureux. Il a provoqué l'indignation de tous les peuples contre lui et contre son pays : c'est ainsi qu'il a conjuré l'orage.

Les rivières, les fleuves, les mers, les bois, les forêts, les grandes routes, les villes, les hameaux, les vivans, les morts, l'univers entier crient vengeance vers le ciel, parce qu'il n'y a pas de crimes dans le monde qui ne soient depuis douze ans le résultat de son système infernal. Voilà cependant une des divinités du siècle et l'oracle de l'Angleterre, qu'on ne craint pas de présenter aux hommages des mortels, à qui on propose d'élever une statue! Quoi! c'est à un homme-requin, nourri de sang, fait pour régner sur les bords du Cocyte, qui a employé la trahison, la perfidie, la fausse monnaie, la guerre civile, la famine, l'assassinat, le poison, le meurtre, l'incendie, qui a mis le monde en feu; qui a fait périr le vingtième de la population de l'Europe; qui a causé le malheur de la plupart des habitans qui y existent; qui est toujours altéré de sang; qui veut encore faire égorger par la guerre des millions d'hommes, qu'on propose d'élever des autels! Quoi! c'est chez une nation qui se vante d'être une des plus éclairées de l'Europe. Que ferait-on de plus, je vous le demande, chez des cannibales, chez des anthropophages? Il faut le dire, le génie de la destruction lui doit seul des autels. Des monceaux de ruines, de cendres, de cadavres, lui serviront de piédestal. Votre dieu Pitt n'aura jamais que la famosité du crime. Sa mémoire sera couverte de la malédiction des siècles; il ne passera aux yeux de ses contemporains et de la postérité la plus reculée que pour un brouillon, et un boucher politique.

L'ANGLAIS.

Vous voyez Pitt en simple particulier, et non pas en homme d'état.

LE FRANÇAIS.

Si l'homme d'état peut fouler aux pieds ce qu'il y a de plus sacré parmi les hommes, les lois, la religion, le droit des gens, le droit de nature, l'humanité; s'il doit chercher à réussir *per fas et nefas*, je n'ai plus qu'à me taire. Je sais que la politique des cabinets depuis des siècles, a à-peu-près consacré pour principe que tout ce qui était utile était juste, lorsqu'elle aurait dû établir qu'il n'y avait de vraiment utile que ce qui était juste. Je sais que le philosophisme, le plus terrible fléau de la philosophie, a sanctionné ces principes qui ont amené tant de révolutions. En effet, d'Alembert, une des colonnes de la philosophie moderne, ne distingue-t-il pas, dans ses Elémens de Philosophie (1), cinq morales : une morale de l'homme, une mo-

---

(1) Division de la Morale, n°. VIII.

rale des législateurs, une morale des états, une morale du citoyen, une morale du philosophe ? Bonaparte qui donne le ton au dix-neuvième siècle, à l'ouverture duquel il a présidé, changera, à coup sûr, la politique, et la fondera sur la morale.

DEUXIÈME DIALOGUE.

La crise qui menace l'Angleterre, est l'ouvrage de Pitt.

L'ANGLAIS.

Votre diatribe virulente contre Pitt, ne m'empêchera pas de dire qu'il a fait le bien-être de son pays.

LE FRANÇAIS.

Moi, je soutiens qu'il l'a ruiné, et qu'il achevera de le faire par la guerre. Il a, j'en conviens, attiré dans votre île les trésors immenses de Tippoo-Saïb arrosés de sang, et les richesses des deux mondes; mais l'Angleterre en est-elle devenue plus riche? Les dettes nationales ont-elles été liquidées? La liberté, les propriétés des Anglais sont-elles respectées? Le fardeau des impositions est-il diminué? Pitt, loin d'avoir enrichi l'Angleterre, n'a fait que l'appauvrir. Les dettes se sont accrues; les revenus des particuliers sont attaqués; les impositions sont augmentées : voilà comme les biens mal acquis ne profitent jamais ; *malè parta, malè dilabuntur.* La main invisible de la Providence grave un caractère de réprobation sur les trésors acquis par l'iniquité.

L'ANGLAIS.

Comment auriez-vous soutenu une guerre aussi longue, fourni des subsides aux alliés, sans augmenter la dette?

La critique est aisée, et l'art est difficile.

LE FRANÇAIS.

Je le sais, c'est la guerre qui est la cause de vos maux. Pourquoi vous laisser persuader que vous ne pouvez trouver votre prospérité que dans la guerre, lorsqu'il est constant que c'est elle qui a fait contracter la dette immense de l'Angleterre? Pour s'en convaincre, il suffisait de remonter à la fin de la guerre commencée en 1688, et terminée en 1697 par le traité de Riswick. Votre dette ne s'élevait qu'à 21 millions sterling. A la fin de la guerre de 1713, terminée par la paix d'Utrecht, elle se trouvait portée à 53 millions. Pendant la guerre de 1739, terminée par le traité d'Aix-la-Chapelle en 1748, elle augmenta de 52 millions. Pendant la guerre de 1755, terminée en 1763 par le traité de Paris, elle s'éleva de 72 à 146 millions. Pendant la guerre de l'Amérique, commencée en 1775, et terminée en 1783 par le traité de Versailles, elle augmenta de 109 millions. Enfin, dans l'intervalle du 5 janvier 1793 au 1er. février 1802, elle s'est élevée de 227 à 562 millions.

La guerre a donc toujours augmenté la dette de moitié. Ce relevé intéressant a été fait par le citoyen Lasalle.

Pendant la dernière, la dette s'est accrue des trois quarts; celle-ci achevera de vous perdre. Ce sera un des grands bienfaits du grand financier, du grand homme d'état d'Angleterre qui la laisse avec une dette de plus de treize milliards de notre monnaie. Mais si la fortune publique de l'Angleterre est diminuée, la fortune particulière de M. Pitt en revanche est bien augmentée. Comme il voulait la conserver, il fallait occuper la nation anglaise par une guerre avec les Français, afin qu'elle ne portât pas un œil scrutateur sur la fortune scandaleuse dont il jouit.

Voilà donc les exploits du grand Pitt, qui a fait perdre à l'Angleterre les alliés qu'elle avait au commencement de l'avant-dernière guerre ; qui lui a attiré la haine des neutres, et qui a soulevé contre votre pays tous les amis de l'humanité.

L'ANGLAIS.

L'Angleterre sortira encore de ce mauvais pas. Pitt, qui imite Fabius le temporiseur, viendra à bout avec le tems de renouer la coalition, de remettre les puissances dans ses intérêts : la mésintelligence qui règne entr'elles lui en facilitera les moyens.

LE FRANÇAIS.

Les puissances ne se laisseront plus abuser par Pitt. La prédiction faite par le penseur Hume aux Anglais, est au moment de s'accomplir, quand il leur a dit : « Il faut de deux choses l'une, ou que la nation anglaise détruise le crédit public, ou que le crédit public détruise la nation ; car il est impossible que l'un et l'autre existent long-tems sur le pied où ils se trouvent. »

L'instant semble donc arrivé où l'abus que Pitt a fait du crédit public va détruire l'Angleterre ; où l'échafaudage de ses finances va s'écrouler ; où ce pays, dont la banque fait toute la force, ne pourra plus faire de l'argent avec du papier.

L'ANGLAIS.

Bon, si les négocians n'avaient consenti de prendre le papier de la banque au pair.

LE FRANÇAIS.

La convulsion n'est que retardée. Il est aisé de le prouver par votre position actuelle. D'une part, la contrefaçon des billets de banque, le paiement qui s'en fait en papier; de l'autre, la perte qu'on fait éprouver aux rentiers à qui l'on demande un vingtième ; « les 650 millions qu'il faut lever chaque année sur le peuple pour payer les intérêts de votre dette, et faire le service de la caisse d'amortissement (ainsi que l'a remarqué le Moniteur); les dépenses excessives de la guerre actuelle, doivent ébranler totalement le crédit ; » aussi voit-on baisser les effets publics chez vous, tandis qu'ils se soutiennent en France

Les mesures que prend l'Angleterre pour reculer la crise, ne feront que l'accélérer. La banqueroute commence, et cette banqueroute est l'avant-coureur d'une révolution terrible qui se prépare dans votre pays. La surcharge des impôts, la taxe sur les revenus, font fermenter toutes les têtes, révoltent tous les esprits. Le peuple, en Irlande, en Angleterre, s'est porté à des excès; l'insurrection a éclaté. Les coups de sabre, en dissipant les mutins, n'ont fait qu'exciter l'indignation ; c'est un feu caché sous la cendre. L'Angleterre marche sur un volcan dont l'explosion se fera entendre au premier moment.

L'ANGLAIS.

Vous êtes un visionnaire : vous ne parviendrez pas à jeter l'alarme dans nos cœurs.

LE FRANÇAIS.

Vous jouez les rassurés : vous savez que penser de vos finances. L'amiral Byng que vous avez immolé, parce qu'il n'avait pas repoussé les Français sur mer, en a fait connaître la situation dans son Testament politique, imprimé en 1759, dans lequel il a dit :

« Les dettes actuelles de la nation se trou-
» vent si prodigieuses, qu'il faudrait la con-
» quête du royaume de France pour nous
» sortir de l'abyme où nous sommes plongés.
» Le ministère promet, malheureusement
» pour la nation, cette conquête. Il sait
» bien que la chose n'est pas possible, mais
» il sait aussi qu'en la berçant de cette idée
» chimérique, il en obtiendra tous les sub-
» sides dont il a besoin, et que c'est un
» moyen infaillible, pour flatter l'orgueil
» d'une puissance qui croit tout possible,
» quand il est question de faire la guerre
» aux Français. » (P. 197, 198.)

« On ne parvient, dit encore Byng (page
» 200) aux extrêmes que par les extrêmes.
» On persuade au peuple qu'il jouira un jour
» de tout le commerce de l'Europe; que la
» nation anglaise donnera des lois à tous
» les potentats, et sur-tout à la France ; tout
» est dit : alors on sacrifie volontiers repos,
» biens, fortune, en faveur de cette chimère
» flatteuse, et pourvu que le ministère pré-
» sente au peuple Anglais cet objet de des-

» truction si fort enraciné dans son cœur,
» ce peuple furieux donne, dans ses trans-
» ports de haine, plus qu'il ne peut. »

Byng remarque encore, « que les rois de
» la Grande-Bretagne conservent le titre
» fastueux de roi de France; » et ajoute
avec justesse: « Il y a long-tems que cette
» puissance l'aurait fait rayer de nos fastes,
» si ce titre pompeux donnait quelque pré-
» tention sur ce royaume à la nation an-
» glaise; » et Byng avait raison.

L'ambition de l'Angleterre est la même aujourd'hui ; elle se flatte de donner des lois à l'univers ; mais la présence de Bonaparte déroute ses projets. Il punira l'Angleterre du mal qu'elle a fait et qu'elle veut faire aux nations : vous en aurez l'obligation à votre sauveur, à votre bienfaiteur Pitt, dont la sage administration a considérablement grossi le nombre des pauvres de votre pays.

L'ANGLAIS.

Où voyez-vous cela?

LE FRANÇAIS.

Il est constant, d'après les remarques même de vos écrivains, que sur cinq individus

vidus en Angleterre, il s'en trouve un obligé de recourir à la charité publique (1); que le nombre en augmente tous les jours. La taxe des pauvres, depuis 1785, est plus que triplée. Doit-on maintenant, je vous le demande, admirer M. Pitt comme le génie tutélaire de la Grande-Bretagne ? Ne serait-ce pas admirer Midas, qui changeait tout en or, et qui mourait de faim au milieu de l'abondance ?

L'ANGLAIS.

Au moins, chez nous, avons-nous la sagesse de pourvoir aux besoins des pauvres. Quand tout ce que vous avez avancé serait vrai, je ne vous trouve pas prudent d'avoir osé émettre votre opinion sur le compte de M. Pitt. Vous devez savoir ce que disait l'ingénieux Fontenelle : « Si je tenais toutes les vérités dans ma main, je me garderais bien de l'ouvrir devant les hommes. » Comment un atôme tel que vous a-t-il osé attaquer Pitt, qui, du fond de son cabinet, atteint les puissances qu'il veut immoler

---

(1) Jérémie Bentham, dans son esquisse d'un ouvrage en faveur des pauvres, dit qu'il y a cinq cent mille pauvres sur le sol seul de l'Angleterre.

à sa vengeance, au milieu même des baïonnettes qui devraient leur servir de rempart! Sachez que cet homme ne pardonne pas. La vengeance, qu'on a appelée le plaisir des dieux, est aussi le sien.

LE FRANÇAIS.

Fata volentem ducunt, nolentem trahunt. L'amour de mon pays, de l'humanité, l'a emporté sur toutes les autres considérations. Le militaire expose ses jours sur le champ de bataille. L'homme de lettres doit aussi payer le tribut à sa patrie, et la servir à sa manière, arracher le masque aux ennemis de l'humanité, les mettre dans l'impuissance de nuire. Croyez-vous, d'ailleurs, que la révolution ne m'ait pas appris, comme à tant d'autres, à philosopher, c'est-à-dire, à mourir (1) ?

---

(1) La vie est-elle un bien si doux ?
 Quand nous l'aimons tant, songeons-nous
De combien de chagrins sa perte nous délivre ?
Elle n'est qu'un amas de craintes, de douleurs,
 De travaux, de soins et de peines.
 Pour qui connait les misères humaines,
Mourir n'est pas le plus grand des malheurs.

Un bon Français ne saurait voir d'un œil indifférent la lutte qui existe entre la France et l'Angleterre, et doit tout sacrifier pour faire triompher la cause de l'humanité défendue par la France.

« Malheur à l'État, dit Raynal, où il ne se trouverait pas un seul défenseur du droit public! bientôt ce royaume (cet État) se précipiterait avec sa fortune, son commerce, ses princes et ses citoyens, dans une anarchie inévitable; » et c'est là que Pitt veut nous amener.

TROISIÈME DIALOGUE.

Pitt cherche tous les moyens de se venger de Bonaparte. L'anarchie la plus complète est le résultat qu'il attend de sa chûte.

LE FRANÇAIS.

Pitt a juré de se venger de Bonaparte; mais l'univers qui observe, fait des vœux pour que la France triomphe; car si elle vient à succomber, c'en est fait de la liberté du commerce, de l'indépendance des mers; le despotisme de l'Angleterre s'appesantit sur toutes les nations.

L'ANGLAIS.

Nous prendrons des moyens sûrs pour empêcher la France de triompher.

LE FRANÇAIS.

Quels sont ces moyens?

L'ANGLAIS.

Ils sont sans nombre. Je me donnerai bien

de garde de vous en faire part; car si vous les connaissiez, vous en instruiriez votre gouvernement, et nous ne pourrions pas le prendre dans le piége. Vous saurez que Pitt lui fait une guerre intestine, qui d'un moment à l'autre peut amener une secousse, une convulsion que nous attendons avec impatience:

Tes plus grands ennemis, Rome, sont dans tes murs.

LE FRANÇAIS.

Comment la provoquez-vous?

L'ANGLAIS.

C'est mon secret. Lorsque tout fléchissait sous le joug anglais, Bonaparte dédaigne de recevoir des lois de l'Angleterre qui en donnait à l'Europe depuis plus d'un siècle. Nous avons donc toutes sortes de raisons de nous venger de Bonaparte qui traverse nos desseins, qui consolide la France que nous voulions détruire; mais nos projets ne sont qu'ajournés. Pitt fait jouer tant de ressorts, qu'il en viendra à ses fins. Comptez-vous pour rien la conspiration contre les finances (1),

―――――――――

(1) Ah! gardons-nous de nous plaindre du déficit, c'est pour nous une mine d'or, disait au commen-

2...

dont il réussira à faire le tonneau des Danaïdes ? Cette conspiration date, sans que les Français s'en doutent, depuis Law., parce que nous savons que la victoire reste à celui qui a le dernier écu.

Le profond Carnot n'a point été heureusement entendu lorsqu'il a dit : « La France éprouvera infailliblement de nouvelles secousses par les finances. Il ne peut y avoir de stabilité dans un état, quelle que soit sa constitution, que lorsqu'il y a équilibre entre le déploiement des forces, et la reproduction

---

cement de la révolution un homme qui y a figuré, et qui a prédit que nous n'aurions d'autre égalité que celle de la misère.

Sans parler d'une infinité d'autres causes, l'agiotage, l'usure, le décret qui déclare l'argent marchandise, ont porté le coup le plus funeste au commerce, à l'industrie, aux arts, ôtent à une foule d'individus les moyens d'existence, et réaliseraient la prédiction, si le gouvernement n'y apportait remède.

L'empereur d'Allemagne sent combien il est intéressant pour faire fleurir le commerce et l'agriculture, les deux sources de la prospérité publique, de ne pas laisser subsister l'usure ; aussi vient-il de défendre dans ses Etats, sous les peines les plus sévères, de prêter à plus de 4 pour 100 par an.

des moyens ». Mais on persuadera qu'il peut exister des effets sans cause ; qu'une rivière peut couler après avoir tari les sources qui l'alimentaient.

LE FRANÇAIS.

Expliquez-vous. Donnez-moi quelques détails sur les moyens que vous prenez pour faire réussir cette conspiration ?

L'ANGLAIS.

J'en ai trop dit.

LE FRANÇAIS.

A bon entendeur demi-mot suffit ; le gouvernement devine le reste. Bonaparte fera échouer votre conspiration contre les finances, de la restauration desquelles il s'occupe. Il sait que les finances sont le pouls des états, le grand artère politique ; aussi ses regards se tournent-ils de ce côté. Les finances, l'administration où il veut établir l'ordre et l'économie, occupent tous ses instans, parce qu'il croit n'avoir rien fait tant qu'il reste quelque chose à faire (1). Apprenez qu'il

---

(1) Nil actum reputans si quid superesset agendum.

pense avec un grand homme, que le meilleur gouvernement, c'est celui qui est le mieux administré; car il n'est pas sans avoir observé que l'administration sage et économe de Sully et de Colbert, donna du relief aux conquêtes de Henri IV, et de Louis XIV. Quoique Bonaparte ait fait mentir le proverbe, qui dit que la victoire reste à celui qui a le dernier écu; et quoiqu'elle soit restée à celui qui avait du fer, il n'en sent pour cela pas moins le besoin de conserver, de multiplier ses moyens pour combattre ses ennemis, pour faire des amis au gouvernement; car après avoir goûté toutes les jouissances de l'amour-propre, il ambitionne celles du cœur, et veut savourer la volupté de faire des heureux. Il sent toute la justesse de la pensée de Rousseau. « Si j'avais une
» république à fonder, je me garderais bien
» de la remplir de malheureux et de mécon-
» tens ». D'ailleurs, les bénédictions des Français sont un besoin pour lui. Il veut que son nom fasse naître tous les sentimens à-la-fois, et ne soit prononcé qu'avec attendrissement. Après avoir égalé en courage, en bravoure les César, les Alexandre, il veut surpasser en bienfaisance les Tite, les An-

tonin, les Henri IV, *les délices du genre humain*, et joindre à la qualité fastueuse de conquérant (1), le titre bien plus rare et bien plus précieux encore, de père du peuple, de protecteur du pauvre. Les Français qui connaissent ses intentions (qui malheureusement ne sont pas toujours secondées), sauront supporter des privations, des sacrifices passagers, pour obtenir un bien durable. Ils ne sont pas sans avoir fait la réflexion que des troubles ne feraient qu'empirer leurs maux au lieu d'y remédier.

L'ANGLAIS.

Quoi que vous en disiez, les réformes ne se feront pas. Les ennemis domestiques, bien plus dangereux que les ennemis du dehors, parce qu'ils se cachent, sauront s'y opposer. C'est sur eux, sur le vice d'administration, que nous nous reposons pour dire un jour à Bonaparte ce qu'on disait à Annibal : Tu sais

---

(1) « Dieu, disait Gustave Adolphe, ne lâche des hommes comme moi que dans sa colère ».

Dieu ne met des hommes sensibles à la tête des états, que dans les momens de sa clémence ; les trophées des héros sont arrosés de sang ; les pas de l'homme bienfaisant sont arrosés des larmes de la reconnaissance.

vaincre, mais tu ne sais pas profiter de la victoire. La haine du peuple, plus à craindre que le fer de l'ennemi, voilà notre arme favorite : tous les moyens seront pris pour la provoquer, pour empêcher Bonaparte d'agir d'après le principe qu'il a consacré, *il n'y a de bonheur pour les peuples comme pour les individus, que dans la prospérité de tous.*

L'égoïsme du clergé, de la noblesse, des parlemens, qui ne voulurent faire aucun sacrifice, a amené la révolution. L'égoïsme du jour produira le même résultat.

LE FRANÇAIS.

Vous voulez faire haïr l'autorité, Bonaparte veut la faire aimer, et vous prouvera qu'il sait tout à-la-fois vaincre et profiter de la victoire. Vos guinées serviront à restaurer nos finances, contre lesquelles vous conspirez. Les nations belliqueuses ont toujours triomphé des nations commerçantes.

L'ANGLAIS.

Pitt a renversé les hommes de lettres, les prêtres, les avocats qui ont joué un rôle dans la révolution. Bonaparte, qui lui résiste plus long-tems, finira, je vous le dis, par devenir sa victime. Le bel-esprit creusera son tombeau; nous ferons parsemer de fleurs le bord de l'abyme, quand une fois il y sera tombé. Ce ne sera plus en France que chaos, qu'anarchie, que destruction.

LE FRANÇAIS.

Bonaparte fera triompher la raison du bel-esprit, l'opinion des hommes d'état de celle des sophistes.

Je désirerais savoir ce que vous attendez de la chûte de Bonaparte ?

L'ANGLAIS.

Ce que nous en attendons ? tout ; l'anarchie la plus complète. Les francs-maçons qui se multiplient de jour en jour, enfanteraient les clubs qui, à leur tour, feraient naître les jacobins ; (je veux dire les hommes qui voulaient tuer l'espèce humaine pour la rendre libre et heureuse). Les partis que nous aurions soin de subdiviser à l'infini, seraient aux prises, s'extermineraient les uns les autres ; les Français seraient livrés à toutes les horreurs du gouvernement révolutionnaire, et se trouveraient entre les poignards et les baïonnettes. Les généraux se disputeraient le pouvoir ; les autorités civiles chercheraient à se faire des partis ; la moitié de la France serait armée contre l'autre. Nous réunirions les départemens contre Paris, pour le punir d'avoir fait la révolution ; nous verrions se réaliser la caricature qui fut remise à Robespierre, qui représentait toute la France guillotinée, et le bourreau se guillotinant lui-même ; et nous Anglais de dire en venant danser sur vos tombes :

Les sots sont ici-bas pour nos menus-plaisirs.

LE FRANÇAIS.

Le tableau que vous me faites des résultats de la chûte de Bonaparte, me fait frémir : c'est donc là ce que vous attendez ; je révélerai votre secret.

L'ANGLAIS.

Gardez-vous-en bien.

LE FRANÇAIS.

L'amour de mon pays l'emporte sur la crainte. Trop heureux, si je pouvais ne pas être témoin de pareilles horreurs, dans le cas où vos projets destructeurs devraient avoir leur exécution ! Mais le Gouvernement et les Français, qui connaissent le but où vous tendez, déjoueront vos machinations. Dans tout état de cause, vous seriez trompés dans vos espérances ; car un complot éventé est un complot manqué. La prévoyance de Bonaparte préserverait la France de semblables atrocités : l'intérêt des Français leur ferait un devoir de respecter ses volontés (1). S'ils avaient le malheur de le perdre, les esprits, au lieu de se diviser, tromperaient votre attente, se réuniraient contre l'ennemi commun qui aurait à redouter la vengeance nationale ; car l'impulsion contre l'Angleterre est donnée ; et, de quelque manière que les événemens tournent, elle ne jouirait pas du fruit de ses crimes ; tous devenus inutiles jusqu'à ce jour, ils le deviendront encore par la pénétration de Bonaparte, par la sagesse des

---

(1) La monarchie préserva la France de convulsions, parce que les Français avaient adopté pour principe à la mort de chaque roi : *le roi est mort ; vive le roi*. Il en est de même du gouvernement actuel : *le Consul est mort ; vive le Consul*. La stabilité du gouvernement est attachée à l'exécution de ce principe.

Français. « La France, a dit Mirabeau, » n'aura pas (au gré de vos désirs) l'exécra- » ble honneur d'une guerre civile. » Je ne sais pas en vérité comment vous, messieurs les Anglais, qui vous piquez d'être des observateurs, vous n'avez pas remarqué que les événemens pour la plupart ont été en sens inverse des vraisemblances depuis le commencement de la révolution. En effet, voyez les puissances se partager la France. Le maître des empires permet qu'elle s'agrandisse, et se sert pour humilier votre orgueil, d'un homme que vous appelez chez vous un homme extraordinaire (1), qui tout-à-coup a rempli l'univers de son nom.

Celui qui met un frein à la fureur des flots,
Sait aussi des méchans arrêter les complots.

---

(1) C'est avec raison que les Anglais appellent Bonaparte un homme extraordinaire. « Des extrê- » mités du monde (a dit l'Evêque de Quimper) ar- » rive un homme assez fort pour vaincre seul une » révolution qui avait vaincu toute la terre. Elle » avait abattu les Puissances du siècle, les Grands » des Nations, et à la présence de ce héros elle est » abattue elle-même ».

QUATRIÈME DIALOGUE.

La Providence tenait Bonaparte en réserve pour l'opposer à Pitt, le génie de la destruction, et préserver la France et l'Europe d'un bouleversement général.

LE FRANÇAIS.

C'en est fait de Pitt. L'astre de Bonaparte a éclipsé celui de Pitt, qui était le cocher de l'Europe. Il n'en reprendra plus les rênes. Il a beau s'agiter : la Providence a parlé. Les annales des nations nous disent qu'il ne s'en relevera pas. Sylla a renversé Marius; César Pompée. Il en sera de même de votre M. Pitt.

L'ANGLAIS.

Je ne saurais vous cacher que je suis surpris de voir exister en même tems deux hommes dont les vues sont si différentes.

LE FRANÇAIS.

Il n'y a rien là d'extraordinaire. Ne savez-vous pas que la Providence donne à chaque siècle, à chaque peuple, des ressources proportionnées à l'étendue des maux qu'elle permet ? Le siècle des grands maux est ordinairement celui des grands hommes.

> L'Etre Suprême en ses lois adorables,
> Par des ressorts toujours impénétrables,
> Fait quand il veut des maux les plus outrés
>   Naître les biens les plus inespérés.
> ....
> Souvent sa sagesse suprême
> Sait tirer notre bonheur même
>   Du sein de nos calamités.

Le remède est presque toujours à côté du mal. Il fallait donc qu'il se trouvât un génie réparateur, conservateur, pour paralyser les efforts du génie destructeur de M. Pitt ; et ce génie réparateur, conservateur, c'est Bonaparte.

L'ANGLAIS.

Nous l'arrêterons dans sa marche.

LE FRANÇAIS.

Vous l'avez tenté, vous le tenterez encore, et ce pourrait être sans plus de succès que vous n'en avez eu jusqu'à ce jour; car la
Providence

Providence semble avoir fait naître Bonaparte tout exprès pour l'opposer à Pitt, **le génie de la destruction**; pour arrêter l'effusion du sang humain ; pour affermir les bases chancelantes de l'édifice social, ébranlées par les rêveries, les abstractions métaphysiques de la philosophie du 18ᵉ siècle qu'on appelait le siècle des lumières, et de la philosophie par excellence. C'est un guerrier qui vient donner des leçons de sagesse à nos soi-disant philosophes, à nos prétendus sages. En effet, observez que c'est à l'instant où les complots de l'étranger vont s'exécuter, que Bonaparte rentre en France, qu'il repousse l'ennemi qui était sur les frontières, qu'il écrase dans l'intérieur l'hydre de l'anarchie qui s'apprêtait à dévorer les Français, qu'il rappelle les proscrits, qu'il étouffe les troubles de la Vendée, le foyer de la guerre civile, qu'il extirpe ce chancre qui rongeait la France, qu'il enchaîne le monstre de l'Athéisme, qu'il rétablit l'antique religion de nos pères, qu'il renoue les anneaux de la chaîne d'or qui, selon la sublime expression d'Homère, suspend la terre au trône de la Divinité. En un mot, il fait sortir l'ordre du sein du chaos et du désordre.

Les puissances barbaresques insultent-elles le pavillon français ? Bonaparte, semblable au roi Gélon qui, dans un traité de paix fait avec les Carthaginois, s'oublia pour plaider la cause de l'humanité, et mit pour condition qu'à l'avenir ils n'immoleraient plus de victimes humaines; Bonaparte, en réparation de l'insulte, exige des puissances barbaresques, qu'elles mettent en liberté les esclaves de toutes les nations.

L'ANGLAIS.

Il faut voir la suite.

LE FRANÇAIS.

Le Consul remplira ses hautes destinées : je ne crois pas qu'il soit en votre pouvoir de l'en empêcher. Et certes on n'est que trop fondé à l'avancer, lorsqu'on le voit invulnérable dans les combats, échapper au fort de la mêlée aux coups dirigés contre lui ; lorsque la hauteur des Alpes paraît s'applanir sous ses pas ; lorsqu'on voit les mers, les élémens, les climats respecter sa personne, lui-même traversant impunément les flottes ennemies; surtout lorsqu'on voit la mort à Arcole, à Lodi, à Maringo reculer à son aspect; et qu'à son arrivée en France, l'autorité saisie de je ne sais quel sentiment, semble reconnaître sa supériorité, lui céder en quelque sorte la place qui lui était destinée de tout tems; lorsqu'il voit s'écrouler devant lui, sans brûler une amorce, sans verser une seule goutte de sang, le colosse qui faisait trembler l'Europe; enfin quand une invention la plus meurtrière qui ait jamais existé, dont l'explosion devait le faire périr, vient attester qu'une puissance invisible veille sur ses jours. Pouvez-vous vous empêcher d'en convenir?

L'ANGLAIS.

Vous voyez Bonaparte à travers le prisme de l'intérêt qui embellit tous les objets.

LE FRANÇAIS.

Vous me permettrez de vous dire que vous vous trompez; car j'ai tout perdu à la révolution dont je suis la victime et le martyr. Mais l'intérêt de la société l'emporte sur mon intérêt particulier. Je parle comme je pense : croyez-en tout ce que vous voudrez. D'ailleurs, si j'ai avancé quelques faits faux, vous êtes libre de me le prouver.

L'ANGLAIS.

Je ne veux pas entrer dans ces détails.

Selon vous, sans Bonaparte, l'ordre n'existerait pas en France.

LE FRANÇAIS.

Ce n'est pas seulement dans la France où Bonaparte a rétabli l'ordre : je soutiens qu'il l'a maintenu en Europe, sur les destinées de laquelle peut influer pour beaucoup son existence ; car je crois qu'elle serait en feu dans le moment actuel par le résultat de sa chûte. Je le compare à la cheville de la charpente du pont de Neuilly (1). A peine cette cheville à laquelle tenait toute la charpente, fut-elle ôtée, que tout s'est écroulé.

L'ANGLAIS.

Que vous regardiez Bonaparte comme un homme important pour la France, cela doit être ; mais que vous prétendiez que l'Europe serait en feu, si la France venait à le perdre, permettez-moi de ne pas partager votre opinion, et j'aurai, à cet égard, bien des personnes de mon avis ; dites-moi sur quoi vous fondez-vous pour penser de la sorte ?

---

(1) Ce pont qui est fort beau est à une lieue de Paris.

LE FRANÇAIS.

Sur le propos d'un illuminé.

L'ANGLAIS.

Qu'entendez-vous par illuminé ?

LE FRANÇAIS.

Vous feignez de ne pas connaître la secte dont les illuminés sont membres ; vous savez bien que ce sont des hommes qui ne voient goutte à force de lumière, qui prétendent la montrer aux autres. Les meneurs de ces sociétés secrètes vous ont rendu de grands services.

L'ANGLAIS.

Ces sociétés sont un point de réunion où l'on ne parle pas de politique.

LE FRANÇAIS.

Dans les grandes loges des francs-maçons on n'y parle pas, il est vrai, de politique ; mais dans les loges qu'on appelle bâtardes, c'est là où l'on prend les moyens de faire de la masse de ces sociétés composées d'honnêtes gens, l'instrument de vos projets, sans qu'ils s'en doutent: c'est ainsi que les francs-maçons ont enfanté les jacobins, dans le commencement de la révolution.

L'ANGLAIS.

Les chefs des états sont de ces sociétés.

LE FRANÇAIS.

Je le sais; mais vous ne dites pas qu'on a soin de leur cacher les grands secrets. Frédéric, le grand Frédéric était aussi francmaçon; il connaissait la conspiration contre l'autel, mais on ne l'avait pas instruit de celle contre le trône. Je ne conçois pas comment ces amis de l'égalité peuvent être chamarrés, dans leurs loges, de croix, de rubans, de cordons, et porter sur leurs tabliers une tête de mort et un poignard.

Le sage et politique général Menou, regardant ces sociétés secrètes comme des foyers d'anarchie, vient d'ordonner qu'elles fussent fermées, ainsi que les jeux de hazard qui démoralisent tous les hommes, et creusent à petit bruit le tombeau du gouvernement et de la société. Bonaparte, le restaurateur de la morale publique, n'est pas sans en avoir fait la réflexion.

Le général Menou a donc senti que toute société secrète est suspecte, parce que celui qui ne fait pas de mal n'a pas besoin de secret.

Le dictionnaire du jacobinisme, l'histoire de l'assassinat de Gustave III, roi de Suède, qui prétendent que la secte des illuminés a des ramifications dans toute l'Europe, qu'elle a l'art de se ménager des protections auprès des autorités, sous prétexte de propager les idées libérales, et qu'elle médite leur subversion et celle de toute société, ont donné l'éveil aux chefs des états. La mesure que vient de prendre le général Menou appellera la surveillance des gouvernemens sur les sociétés secrètes, dont on devrait proscrire le *secret*, les marques distinctives, et qu'on devrait convertir en salons de compagnie.

L'ANGLAIS.

Quoi qu'il en soit, je voudrais connaître le propos de l'illuminé dont vous m'avez parlé.

LE FRANÇAIS.

Il servira à vous prouver ce que j'ai avancé lorsque j'ai dit que Bonaparte avait maintenu l'ordre en Europe. Vous jugerez, d'après la réflexion de cet illuminé, s'il ne l'a pas préservée d'un bouleversement général.

L'ANGLAIS.

Au fait. Que disait cet illuminé?

LE FRANÇAIS.

Les rois sont des quilles, la France est une boule qui les renversera tous; autant que ma mémoire peut se le rappeler, c'est Dumourier qui tenait ce langage, Dumourier qui sert aujourd'hui la cause de l'Angleterre, après avoir trahi celle de son pays. Il est donc constant que Bonaparte a contrarié les vues de la secte qui, si on l'avait laissé, ou si on la laissait faire, aurait établi la fraternité d'Etéocle et de Polynice, aurait régénéré ou régénérerait l'Europe comme les filles de Pélias régénérèrent leur père en le coupant par morceaux.

Bonaparte a donc arrêté le char révolutionnaire dans sa course; car on ne saurait s'empêcher de convenir qu'il respecte les droits des gens, les gouvernemens étrangers, l'autorité par-tout où elle se trouve; il ne veut pas, comme on l'a justement observé, renverser le trône des rois, rompre le pacte qui unit une nation à son chef, ôter à un peuple le droit de se gouverner comme bon lui semble. Je le dis donc avec vérité; si Bonaparte ne fût arrivé dans le moment où nous allions retomber dans l'anarchie, la France aurait donné l'impulsion à l'Europe, les illuminés, les révolutionnaires auraient agi d'après les principes d'un de leurs chefs. *Mettons le feu aux quatre coins de l'Europe, notre salut est là :* et la révolution, comme l'a dit Gustave Adolphe roi de Suède, prête de faire le tour du monde, l'aurait ravagé. La conservation des gouvernemens étrangers est donc intimement liée à l'existence de Bonaparte et à celle du gouvernement français. Quant aux Anglais, ils ont allumé l'incendie. La nature veut qu'on fasse l'épreuve de ce qu'on invente. L'incendie pourrait consumer le grand révolutionnaire Pitt, et l'Angleterre elle-même, si elle persistait à servir ses projets ambitieux, et à se déclarer l'ennemie de la France comme elle l'a fait depuis un tems immémorial : car elle a intérêt à rechercher l'amitié des Français contre lesquels le ministère cherche à l'armer. Ce qu'il y a de plus singulier, c'est que Byng a annoncé dans le testament dont je vous ai déjà parlé, les événemens actuels, la position dans laquelle vous vous trouvez.

L'ANGLAIS.

Je voudrais connaître ce qu'il dit à ce sujet.

LE FRANÇAIS.

Je vais vous le communiquer : entendez ses manes vous crier du fond de son tombeau : Je vous ai annoncé avant ma mort ce qui se passe aujourd'hui... « On entretient, vous disais-je, on échauffe même votre bile, votre haine et l'antipathie que vous avez contre une nation voisine, pour vous fasciner les yeux, et pour vous empêcher de voir que les sommes immenses que vous donnez pour lui faire la guerre, sont les moyens dont on se sert pour vous ruiner, et faire succéder à la perte de votre aisance celle de votre liberté.

» On voit avec plaisir votre orgueil humilié, votre commerce diminué, vos colonies dévastées, des peuples qui ne connaissent que la loi naturelle, vous avoir en horreur, et vous faire une guerre cruelle. La férocité qu'ils vous témoignent, est l'ouvrage des mauvais traitemens que les directeurs de vos compagnies leur ont faits. Vous vous êtes attiré cette haine par votre cruauté, par votre mauvaise foi, et par l'habitude que vous avez prise d'insulter à toutes les nations, celles même avec qui vous n'êtes pas en guerre.

» Est-il donc permis de violer les traités les plus sacrés ? Êtes-vous devenus les souverains de l'univers ? Vous vous l'êtes, sans doute, persuadés, puisque vous voulez dominer sur l'un et l'autre élément, dans l'un et l'autre hémisphère, et que méprisant toutes les nations, vous croyez seuls posséder toutes les vertus, toutes les sciences et tous les talens.

» Les différens échecs que vous avez essuyés dans toutes les guerres, ne vous détromperont-ils pas, et ne pourront-ils pas vous persuader que la nation dont vous n'avez pas voulu faire votre amie sera un jour une ennemie dangereuse pour vous? L'équité et la bonne-foi font la base de sa conduite. Ces deux qualités lui font des alliés, tandis que les subsides que vous donnez avec profusion, peuvent à peine retenir les vôtres.

» Quoique sa situation soit aussi belle que la vôtre pour le commerce, elle n'est point jalouse de celui que les autres nations font. Elles sont toutes reçues dans ses ports avec affabilité, et toutes généralement se louent de la liberté qu'elle donne au commerce. » (Page 252, 253, 254.) Vous voilà jugés vous et nous par un des vôtres.

Il dit encore dans ce même testament, (pag. 189, 190), « que cinq compagnies jouissent en Angleterre du privilége exclusif du commerce; que le ministère est continuellement opposé au bien réel de la nation, et occupé à corrompre les membres du parlement qui se vendent à la cour; que les différens partis qui règnent dans les îles troublent autant les Anglais qu'ils l'étaient dans le siècle où tout était confondu.

» L'intérêt de l'Etat, ajoute-t-il, serait-il continuellement opposé à l'intérêt des particuliers? ou ne serait-ce pas ce qu'on appelle intérêt de l'Etat, celui de nos ministres, qui, dans toutes leurs démarches et dans toute leur conduite, ne voient qu'eux-mêmes? »

Le ministre Pitt, dont Addington n'est que l'instrument, veut, comme ses prédécesseurs, sacrifier sa nation, l'Europe à son ambition; mais il ne réussira pas. La France secouera son joug oppresseur.

CINQUIÈME DIALOGUE.

Pitt, à la faveur de la division, trouva le secret de faire de la France la tour de Babel; de renverser l'ancien Gouvernement, de faire tuer les Français les uns par les autres.

LE FRANÇAIS.

Dites-moi un peu comment vous êtes venus à bout de renverser un gouvernement aussi ancien que la monarchie, qui durait depuis quatorze cents ans?

L'ANGLAIS.

Pitt a jeté la pomme de discorde parmi les Français, qui ont fait la folie de la ramasser. Il a mis en pratique le principe de Machiavel, *divide et impera*, divisez pour régner. C'est ainsi qu'il est parvenu à détruire la monarchie. Comme M. Pitt connaît la fable des faisceaux unis qui résistent à la robuste jeunesse, qui une fois désunis sont brisés par la débile vieillesse, il tenta tous les moyens de rompre l'union qui régnait à la cour.

Il commença par diviser les protestans des catholiques, et fit placer Necker à la tête des finances, qu'il administra avec tant de sagesse. Les 56 millions de déficit jetèrent l'alarme : division sur les moyens de remplir le déficit. Les uns veulent s'exécuter, la majorité s'y refuse. Les notables sont convoqués ; bientôt les états-généraux sont assemblés. Pitt, qui les provoquait, en connaissait le résultat ; car, comme l'a dit Voltaire,

> De mille députés l'éloquence stérile,
> Y fit de nos abus un détail inutile ;
> Et de tant de conseils l'effet le plus commun,
> Est de voir tous nos maux sans en soulager un.

Des comités autrichiens-français, anglo-français sont établis. Division par-là même entre le roi et la reine : division entre les ministres : division entre les princes du sang : division entre la cour, et le duc d'Orléans qui servait notre parti : division parmi les nobles, parmi les parlemens, dont les uns voulaient la monarchie telle qu'elle existait, et les autres les deux chambres : division entre le haut et bas-clergé ; entre les jansénistes et les molinistes; entre le clergé et la noblesse; entre les privilégiés et le tiers-état: division entre les écrivains, dont les uns voulaient la royauté, et les autres la république: division entre les royalistes et les républicains : division entre les philosophes et les philosophistes: division entre les anciens et les nouveaux jurisconsultes: division entre les républicains et les anarchistes : subdivision entre les ultrà et les extrà-révolutionnaires : division entre la montagne, la plaine et le marais : division entre les départemens: division entre le peuple et les marchands.

LE FRANÇAIS.

Il est constant que c'est ainsi que vous êtes venu à bout de faire de la France la tour de Babel, d'y amener la confusion des langues, de nous faire tuer les uns par les autres.

L'ANGLAIS.

Si vous avez la force d'Hercule, il faut que nous, Anglais, nous ayons la finesse d'Ulysse. Nous connaissons l'art de subjuguer un peuple par lui-même sans qu'il s'en doute. Le génie est aussi une puissance qui à la longue vient à bout de subjuguer toutes les autres.

LE FRANÇAIS.

Nous avons appris à nos dépens à vous connaître. De pareils moyens ne sauraient plus vous réussir : nous voyons les tentatives que vous faites pour opérer par-tout des divisions ; mais elles seront inutiles, le passé sera pour les Français le miroir de l'avenir, et leur servira de leçon.

L'ANGLAIS.

Les Français sont incorrigibles.

LE FRANÇAIS.

Ils redeviennent français, et la *francomanie* va triompher de l'anglomanie (1), qui a fait si long-tems le malheur de la France.

---

(1) Le président d'Éguilles voyait l'influence des Anglais en France, et avait prévu les résultats de l'anglomanie ; aussi disait-il à Louis XV : « Si ce système des parlemens n'est pas détruit dans dix ans, l'anglicisme le plus outré formera l'esprit de plus de la moitié de la nation, pénétrera jusque dans

L'ANGLAIS.

Vous voulez rire sans doute quand vous dites que la francomanie va triompher de l'anglomanie. Ne voyez-vous pas les Français se faire honneur de singer les Anglais, adopter toutes leurs modes? Voyez avec quel enthousiasme la vaccine, ce cadeau que nous avons fait aux Français, a été accueillie.

Les docteurs Vaume, Goëtz, Alphonse Leroi, Chapon, ont voulu s'élever contre la vaccine, prouver qu'elle était suivie d'une foule d'accidens et souvent de la mort, l'amour de la nouveauté a étouffé leurs voix. Les

---

les armées, et achevera de tout perdre ». La prophétie s'est accomplie.

Soulavie, dans ses Mémoires historiques-politiques du règne de Louis XVI, Mémoires infiniment intéressans, p. 190, tom. 5, dit :

« L'Angleterre, suivant les diplomates les plus instruits, est l'amie, l'alliée naturelle de nos philosophes ; elle entretient un parti, par le moyen duquel elle punit quiconque ose en France la contrarier dans ses vues et dans ses plans ». Cela paraît assez probable, elle a cherché et cherchera toujours à mettre dans ses intérêts les hommes qui ont de l'influence sur l'opinion publique.

partisans de la vaccine ont recours à un subterfuge, à un faux-fuyant fort adroit, lorsqu'on leur représente qu'elle ne préserve pas de la petite-vérole. Vous confondez, disent-ils, la fausse vaccine avec la vraie vaccine. Voilà comme avec de l'esprit on se tire de tout.

Néanmoins je dirai que les vaccinateurs poussent trop loin l'enthousiasme, puisqu'ils vont jusqu'à vouloir persuader que la vaccine a la vertu de guérir de la peste. Ils en feront bientôt un remède universel. Qui dit trop ne dit rien.

LE FRANÇAIS.

Je vois la vaccine sans prévention, je n'en suis ni l'ami, ni l'ennemi : si elle est utile à l'humanité, quoiqu'elle vienne de vous, je voudrais qu'on en fît usage; mais je ne saurais le cacher, le projet que vous avez de détruire la population de notre pays doit engager les Français à user de ce remède avec la plus grande circonspection. Les observations des médecins dont vous avez parlé, en imposent l'obligation aux gens sensés. D'ailleurs la vaccine est discréditée en Angleterre qui l'a mise en vogue; la lettre écrite de Londres en date du 13 mai 1801, consignée dans l'ouvrage du docteur Vaume, le prouve évidemment; car il y est dit : « La vaccine perd ici tous les jours de son crédit, et daus peu on n'en parlera plus. » Nous sommes fondés ensuite à dire : craignons nos ennemis lorsqu'ils nous font des présens.

Timeo Danaos et dona ferentes.

L'ANGLAIS.

Les anglomanes sont plus puissans que vous ne pensez. Nous sommes, je vous le dis, parvenus à *embêter* les Français; nous réussirons avec nos livres sterling à les *dindonner*. Quelle différence entre vous et nous! nous repoussons, sans qu'il soit besoin de lois, tout ce qui vient de vous, vos modes et vos étoffes. Vous accueillez, vous recherchez tout ce qui vient de nous, en dépit même des lois. L'esprit national triomphe chez nous de la soif de l'or, de la vanité. Chez vous, c'est tout le contraire.

LE FRANÇAIS.

Les anglomanes n'osent plus se montrer; l'auteur de *l'Examen* critique du Poëme de la

Pitié de Jacques de Lille vient de lui donner une leçon dont il se souviendra, et qui épouvante les anglomanes, les apologistes de la Grande-Bretagne.

Il le blâme avec raison d'être à genoux devant l'Angleterre, d'avoir demandé grace aux Anglais pour la France ; c'est à eux de la lui demander.

Honneur à cet ami de la patrie qui, dans un mouvement d'indignation, s'écrie :

Quoi ! l'Anglais songe encore à nous donner des fers ?
O France ! ose braver sa fureur criminelle ;
Ose : il sera vaincu, ce fier tyran des mers.
Donne à tes défenseurs une force nouvelle ;
Reprends ton attitude, assemble tes héros ;
Que le premier d'entr'eux te guide sur les flots,
Que l'acier menaçant dans leurs mains étincelle,
Et qu'enfin l'Univers te doive son repos.

Ces sentimens sont ceux de tous les Français.

SIXIÈME DIALOGUE.

La réunion de tous les esprits, de tous les partis contre l'Angleterre, est pour la fière Albion la tête de Méduse.

LE FRANÇAIS.

Vous cherchez en vain à nous désunir; les Français ne font plus qu'une même fafamille : tous les partis sont soulevés contre vous, parce que Pitt les a tous joués, tous sacrifiés, sans avoir eu l'esprit de s'en ménager un qui pût au moins lui servir de point d'appui. En effet, les Danton, les Robespierre, les Chaumette, les Hébert, les Charette que vous avez immolés ; les émigrés que vous avez fait tuer à Quiberon ; toutes ces victimes ont dessillé les yeux de tous les partis, et leur ont appris qu'ils n'ont pas de plus cruels ennemis que vous.

L'ANGLAIS.

Vous mettez aussi Charette en jeu !

LE FRANÇAIS.

Ce n'est pas sans raison ; car en descendant la barque à Nantes, il s'écria : « Voilà où les gueux d'Anglais m'ont conduit ! » C'est un avis qu'il donne à Dumourier et à Pichegru dont les Anglais se servent aujourd'hui, et qui finiront comme lui par devenir leurs victimes.

Vous n'avez pas relevé l'accusation d'avoir fait tuer les émigrés à Quiberon. La force de la vérité vous a abattu ; car, comme l'a dit le *Moniteur* (17 thermidor an 11), « les ministres anglais ne choisirent que des corps d'émigrés dont les uns étaient presque détruits, les autres formés à la hâte, et parmi ces derniers, un corps de quatre cents hommes, composé de tout grade de l'ancienne marine royale. Il n'a pas échappé vingt hommes de ce corps, et quelqu'un parlant devant un ministre de l'Angleterre de l'affaire de Quiberon, en plaignant les malheureux qui y avaient péri : « Sans doute, ré-
» pondit le ministre, cela est fâcheux pour
» les morts; mais nous avons aujourd'hui
» gagné sur la France une bataille navale,
» dont les suites seront plus importantes que
» celles de toutes les batailles que nous avons
» gagnées dans un siècle. »

Baruel Beauvert dit, dans son *Cri* contre

Albion, « que les Anglais ont fusillé eux-mêmes les émigrés; qu'ils ont coupé les poignets de ceux qui s'étant jetés à la nage, venaient aborder, comme un dernier refuge, leurs canots déserteurs. »

Il y a, il faut en convenir, bien de la sûreté à servir votre parti; aussi les habitans de la Vendée, dont vous avez fait sonder les dispositions, tourneraient-ils leurs armes contre vous, parce qu'ils connaissent toute votre perfidie, et la réflexion faite par un membre du cabinet britannique, rapportée par le *Moniteur*.

L'ANGLAIS.

Qu'a-t-il dit?

LE FRANÇAIS.

Il est aisé de vous le rapporter. Un ministre étranger, dans une conversation avec un membre du cabinet britannique, lui dit, « que si l'Angleterre avait soutenu la Ven-
» dée à son début devant Granville, les
» choses n'auraient pas pris une pareille
» tournure. — Ah! monsieur, ne m'en par-
» lez pas, répondit le ministre anglais, nous

» craignions alors que cela ne finît trop tôt. »
Les royalistes n'ont pas plus à se louer de vous que les habitans de la Vendée. Croyez-vous qu'ils oublieront la réponse qui fut faite par un ministre anglais à un étranger, relativement à ce qui s'était passé à Lyon : « Qu'un Jacobin tue un Royaliste, ou » qu'un Royaliste tue un Jacobin, c'est » toujours un Français de moins. » Notre crime, aux yeux des Anglais, c'est donc d'être Français.. Aussi les royalistes et les jacobins, qui voient que vous voulez les sacrifier les uns et les autres, se réunissent-ils contre vous. Les soldats que vous voudriez diviser, sont disposés à servir de rempart au Gouvernement, parce qu'ils voient tous que vous vouliez la république lorsque la France était en royauté, et que vous voulez aujourd'hui la royauté parce qu'elle est érigée en république, pour mettre aux prises une partie de la France contre l'autre.

Tous les partis, qui vous devinent, sauront déjouer vos complots, en faisant le contraire de ce que vous désirez, et en se réunissant, parce qu'ils connaissent le pouvoir de l'union qui a fait triompher les armées françaises(1) de la coalition, et qui peut seul les faire triompher des menées sourdes des Anglais. Il reste aux Français une victoire à remporter, c'est celle de se vaincre eux-mêmes, et ils la remporteront.

---

(1) En parlant des exploits des militaires, je ne saurais me refuser au plaisir de donner de la publicité à une action de bienfaisance d'un de nos généraux. Les traits de cette nature sont trop rares dans ce siècle d'égoïsme, pour ensevelir dans le secret la générosité, la délicatesse du général Magdonal.

Un de ses amis meurt au service, l'enfant reste orphelin : la famille connaissant l'amitié qui existait entre ce général et le défunt, réclame sa protection. Le général cédant à l'impulsion de son bon cœur, sollicita auprès du gouvernement une place au Pritanée de Saint-Cyr, pour le jeune Déloy qui avait perdu son père ; le gouvernement l'accorde en récompense des services que ce dernier avait rendus. Mais les parens qui ne sont pas aisés font part de leur embarras au général pour fournir le trousseau. Il centuple le service, en donnant de la manière la plus honnête et la plus délicate, la somme nécessaire. La modestie du général qui voulait garder l'*incognito* me pardonnera sans doute d'avoir contrarié ses vues. Les bonnes actions doivent être mises au grand jour.

L'ANGLAIS.

Cela n'est pas sûr.

LE FRANÇAIS.

Voyez l'opinion de toutes les classes de la société fortement prononcée ; et l'opinion, vous ne l'ignorez pas, est la reine du monde. Voyez les départemens offrir les uns des frégates, les autres des vaisseaux, des canons ; les communes voter des remercîmens au premier Consul, lui offrir leurs bras ; tous les états, toutes les professions faire des dons pour la confection des bateaux plats ; les militaires faire le sacrifice d'une partie de leur paie pour l'expédition contre l'Angleterre ; les négocians armer en course ; les corsaires, dont Colbert sut tirer un si grand parti pour humilier les Anglais, jeter la terreur parmi vous. La France est encore une fois électrisée, l'esprit public se forme, l'indignation est à son comble, tous les Français brûlent de tirer une vengeance éclatante de votre perfidie. La France, malgré la guerre, sera toujours la France ; et la Grande-Bretagne, qui voulait faire aux Français une guerre d'extermination, effacer la France de dessus la carte (1), pourrait avoir à se re-

---

(1) Lors de la guerre de 1792, le gouvernement Anglais après avoir inspiré le partage de la France dans les traités de Pilnitz et de Pavie, fit dresser une carte géographique de l'Europe, dans laquelle la France a été effacée, et une autre carte géographique de la France, dans laquelle les ci-devant provinces étaient désignées pour le partage qui devait en être fait à l'Europe ; cette dernière carte doit être dans les archives nationales, elle fut saisie sur un vaisseau ennemi par une de nos frégates, sur la Méditerranée, en Juillet 1793. (*Extrait du Mémorial anti-britannique de Barère*, n° 6, 13 *vendemiaire an* 12.

Il est constant que l'Angleterre avait fait espérer le partage de la France aux puissances.

Comme le lecteur pourrait désirer de connaître le partage de la France qui avait été fait, je crois de voir le consigner ici ; je l'ai extrait d'un ouvrage intitulé *des Crimes des Cabinets*, traduit de l'anglais. L. Goldsmith, page 193.

Traité de partage entre les differentes cours de l'Europe, conclu et signé à Pavie au mois de juillet 1791.

Sa majesté l'Empereur reprendra tout ce que Louis XIV avait conquis sur les Pays-Bas autrichiens, et réunissant ses provinces à ces mêmes Pays-Bas, il les donnera à son altesse sérénissime l'Elec-

pentir d'avoir conçu des projets aussi barbares et aussi absurdes. Les crimes contre

---

teur Palatin. Ces nouvelles possessions, jointes au Palatinat, porteront désormais le nom d'*Austrasie*.

Sa majesté l'Empereur aura à perpétuité la propriété et la possession de la Bavière, qui formera ainsi à l'avenir une masse indivisible avec les domaines et les possessions héréditaires de la maison d'Autriche.

Son altesse sérénissime l'Archiduchesse Marie-Christine sera, conjointement avec son altesse sérénissime son neveu, l'Archiduc Charles, mise dans la possession héréditaire du duché de Lorraine.

L'Alsace sera rendue à l'Empire ; l'évêché de Strasbourg et le chapitre recouvreront leurs anciens privilèges, ainsi que les souverains ecclésiastiques de l'Allemagne.

Si les Cantons Suisses accèdent à la coalition, on leur proposera de réunir à la ligue helvétique l'évêché de Florentin, les défilés de Franche-Comté, même ceux du Tyrol avec les bailliages voisins, et le territoire du Veuvay qui coupe le pays de Vaud.

Si sa majesté le roi de Sardaigne souscrit à la coalition, la Bresse, le Bugey et le pays de Gex usurpés par la France sur la Savoie, lui seront rendus.

Dans le cas où sa majesté le roi de Sardaigne pourrait faire une grande diversion, on le laissera

l'humanité, tôt ou tard doivent être punis : ainsi le veut une justice éternelle. Rappellez-

---

s'emparer du Dauphiné, pour le posséder à perpétuité comme le plus proche descendant de l'ancien Dauphin.

Sa majesté le roi d'Espagne aura le Roussillon et le Béarn avec l'île de Corse, et prendra aussi possession de la partie française de Saint-Domingue.

Sa majesté l'Impératrice de Russie se réserve l'invasion de la Pologne ; elle gardera aussi Kaminieck et cette partie de la Podolie qui avoisine la Moldavie.

Sa majesté l'Empereur obligera la Porte à abandonner Choczim, ainsi que les petits ports de la Servie, et ceux de la rivière de l'Urna.

Sa majesté le roi de Prusse, par suite de l'invasion de la Pologne qu'effectuera l'Impératrice de toutes les Russies, prendra possession de *Thorn* et de *Dantzik*, et réunira le Haut-Palatinat aux confins de la Silésie.

Sa majesté le roi de Prusse aura en outre la Lusace ; et son altesse sérénissime l'Électeur de Saxe recevra en échange le reste de la Pologne, dont elle occupera le trône comme souverain héréditaire.

Sa majesté actuelle le roi de Pologne abdiquera le trône, et recevra un traitement annuel convenable.

Son altesse sérénissime l'électeur de Saxe donnera

vous, si vous le pouvez sans frémir, que plus de trois millions d'Indiens, que vous avez affamés dans le Bengale, furent sacrifiés à la cupidité de l'Angleterre. C'est-là le prix de l'hospitalité (1) qu'ils vous avaient accordée. Vous avez à-peu-près payé de la

---

sa fille en mariage à son altesse sérénissime le plus jeune des fils de son altesse sérénissime le Grand-Duc de toutes les Russies ; par-là il deviendra le chef de la race des rois héréditaires de la Pologne et de la Lithuanie.

Signé, LÉOPOLD, Empereur. De la part de la Russie, le prince de NASSAU ; pour l'Espagne, le comte de FLORIDA BLANCA ; pour la Prusse BISCHOFFWERDER.

L'homme propose et Dieu dispose :

Il ne faut jamais
Vendre la peau de l'ours qu'on ne l'ait mis par terre.

(1) Voyez *Affaires de l'Inde*, chez Buisson, libraire, rue Haute-Feuille, à Paris ; il serait trop long d'entrer dans le détail des horreurs commises par les Anglais pour s'emparer de ce pays.

Il y a long-tems, que les Anglais passent pour cruels, puisqu'Horace les peignait comme des hommes féroces pour leurs hôtes, et les assimilait aux

même monnaie celle que les Français vous ont offerte : vous avez tourné contr'eux leurs bienfaits, en venant y souffler le feu de la discorde, et en cherchant à y allumer la guerre civile. Votre ingratitude les a révoltés. Vous vous convaincrez

Qu'il est des forfaits
Que le courroux des Dieux ne pardonne jamais.

L'ANGLAIS.

Croyez-vous que le ciel se mêle des affaires d'ici-bas? N'est-ce pas plutôt l'enfer qui gouverne ?

―――

Scythes, qui se faisaient un plaisir de boire du sang de cheval.

Visam Britannos hospitibus feros,
Et lætum equino sanguine concanum.

HORACE, ode IV, liv. III.

On voit le goût des Anglais pour la destruction, jusque dans leurs plaisirs ; des ruines ne font-elles pas l'ornement de leurs jardins ? qu'ils ayent inoculé aux Français ce goût par la manie de la mode, c'est ce qui ne se conçoit pas.

LE FRANÇAIS.

Oui, chez vous. C'est pour cela que le démon Pitt est le conseil, l'ame de votre gouvernement. En parlant de Pitt, il vient d'être nommé colonel. Bonaparte n'en dort sûrement ni jour ni nuit. C'en est fait de l'Europe! L'invincible sabre de Pitt soumettra toutes les puissances qui refusent de fléchir devant lui. Un homme tel que Pitt, est propre à tout : il peut tout-à-coup passer du cabinet sur le champ de bataille ; c'est-là qu'il veut se mesurer avec Bonaparte : il s'est montré grand homme d'état, et veut se montrer grand homme de guerre. Du moment où le général la Plume a pris l'épée, il a fait trembler tous ses ennemis ; mais ils espèrent qu'une attaque de goutte viendra à leur secours le jour du combat.

L'ANGLAIS.

Trève de plaisanterie ; il vous prouvera ce qu'il sait faire.

LE FRANÇAIS.

Le parti qu'il a pris est fort sage : car s'il

y avait une insurrection à Londres lors de la descente, Pitt qui craint que les Anglais ne le rendent, dans cet instant, responsable de tous les malheurs qu'il attire sur son pays, s'est mis à la tête de plusieurs régimens-bataillons, pour ne pas périr d'une manière tragique, pour défendre ses jours, et mourir les armes à la main : il pourrait néanmoins se tromper ; mais comme c'est le secret de la Providence, ne cherchons pas à l'approfondir : de quelque manière qu'il finisse, il a tout fait pour emporter avec lui les malédictions de l'univers, et pour faire dire à l'humanité dont il a été le fléau : « Pitt, le chef du vandalisme, le père de l'anarchie, qui ne sut jamais faire de l'or qu'avec du sang humain, fut le modèle des monstres politiques. »

SEPTIEME DIALOGUE.

La mauvaise foi, la déloyauté, l'injustice des Anglais rendent la descente des Français en Angleterre nécessaire et indispensable.

L'ANGLAIS.

Bonaparte paraît décidé à faire une descente chez nous. Cela nous fait rire.

LE FRANÇAIS.

Rira bien qui rira le dernier; car il y a eu, comme vous le savez, quarante-cinq descentes dirigées contre l'Angleterre, l'Ecosse ou l'Irlande, depuis Guillaume le Conquérant jusqu'à nos jours. Si Bonaparte entreprend la quarante-sixième, vous pourriez vous en souvenir; car douze amenèrent de grandes révolutions, ou détrônèrent le monarque, et celle-ci pourrait produire l'un et l'autre effet.

L'ANGLAIS.

A quoi bon cette descente ? Pourquoi la France ne veut-elle pas s'en tenir à l'agriculture, et laisser à l'Angleterre son commerce qui paraît être son élément ?

LE FRANÇAIS.

Voilà le mot ! croire que la France doit s'en tenir à l'agriculture ou au commerce, lorsqu'elle peut et doit allier l'un et l'autre, c'est un préjugé dont les deux plus grands ministres de France, Sully et Colbert, n'ont pu s'affranchir; car l'un ne favorisa que l'agriculture, et l'autre le commerce et les manufactures : mais la pensée de Frédéric dans ses maximes politiques et philosophiques, « c'est une erreur dont plus d'un écrivain célèbre n'a pu se préserver de donner une préférence exclusive à l'agriculture sur le commerce, ou au commerce sur l'agriculture ; tout dépend de bien s'assurer de ces deux agens ». Cette pensée n'a pas échappé à la sagacité de Bonaparte, qui a su se garantir de cette erreur : il a vu que c'est de l'union de l'agriculture et du commerce que se compose la prospérité publique : il a voulu allier l'une et l'autre, rendre la nation française tout-à-la-fois agricole et commerçante, rendre aux manufactures, aux fabriques leur activité, relever notre marine ; il n'a pas voulu consentir à un traité de commerce qui fût tout à votre avantage, tout à notre détriment. Que de droits il s'est acquis à votre inimitié et à la reconnaissance des Français !

L'ANGLAIS.

Aussi lui avons-nous déclaré de suite la guerre, après avoir renouvelé nos forces. Nous comptions en imposer à Bonaparte, en lui demandant une réponse dans trente-six heures. Nous ne pensions pas qu'il emploierait des mesures aussi vigoureuses, qu'il s'emparerait de l'électorat d'Hanovre.

LE FRANÇAIS.

Il faut en convenir, on ne peut pas pousser plus loin l'impudence : c'est insulter tout-à-la-fois au gouvernement et à la nation; aussi cette rodomontade a-t-elle produit un effet tout contraire à celui que vous en attendiez. Bonaparte après avoir autant temporisé, après avoir fait des sacrifices pour conserver la paix, qu'il regarde, ainsi qu'il l'a dit, « comme le premier des devoirs et la première des gloires », a déployé de la vigueur et de l'énergie, parce qu'il sait qu'elle a toujours le succès le plus complet, que la faiblesse (1) perd les parties qui s'y confient. C'est, comme on l'a dit chez vous, un ennemi qui ne fait rien à demi. Votre déloyauté, votre mauvaise-foi étaient bien faites pour révolter tous les esprits. Ne pouvant espérer de vous une paix solide, Bonaparte a pris le parti d'aller signer la paix à Londres, et il a sagement agi; car vous ne nous accorderiez que des paix plâtrées : il entre dans vos principes de n'en jamais faire d'autre avec vos ennemis.

L'ANGLAIS.

Vous plaisantez !

---

(1) Les hommes faibles, disait une femme d'esprit, sont la perte des Etats. Ce sont eux qui font la force des méchans. Les scélérats se comptent; les hommes faibles sont innombrables. La faiblesse a amené la France sur le bord de l'abyme. La fermeté de Bonaparte la sauvera.

5...

LE FRANÇAIS.

Je parle très-sérieusement. Sa Majesté Britannique n'a-t-elle pas déclaré qu'elle était dans l'intention inaltérable et décidée de n'admettre aucune proposition de la part de ses ennemis, au sujet des droits et des prétentions des puissances maritimes (1)?

M. Mac Naugthon, membre du parlement, a dit aussi: « Il n'y aura pas de paix jusqu'à ce que notre présomptueux ennemi ait fait l'essai d'une invasion sur ce pays, et qu'il ait pu se convaincre par le résultat de l'impossibilité de faire aucune impression sur ces royaumes unis, au moyen d'une tentative d'invasion. Si la paix était faite avant ce tems, l'ennemi tiendrait toujours sur nos têtes, pour nous effrayer, la menace d'une invasion, et continuerait peut-être à tenir vis-à-vis de nous un langage de domination (2) ».

Sacrogorgon, qui se mourait de peur,
Fit, comme il put, semblant d'avoir du cœur.

---

(1) Mémorial anti-britannique, 21 vendémiaire n°. 10; (14 octobre 1803). Lettre de Greenville au lord Malmesbury.

(2) Mercure, 20 messidor an 11.

Vous avez, toute l'Europe le sait aujourd'hui, adopté chez vous les principes de Hobbes, philosophe anglais, qui prétend que tous les hommes sont naturellement méchans; que l'état naturel de l'homme est un état de guerre de chacun contre tous; que l'état des sociétés civiles, les unes par rapport aux autres, est un état naturel, c'est-à-dire, un état d'ennemis; de sorte que si ces sociétés discontinuaient de se faire la guerre, ce n'est point proprement une véritable paix, mais une simple suspension d'armes pour reprendre un peu haleine, pendant laquelle un ennemi observant les mouvemens et la contenance de l'autre, juge de sa propre sûreté, non par des conventions, mais par les forces et les desseins de son adversaire (1). Il est donc constant que les Français ne devaient pas espérer de paix de vous, parce que vous ne reconnaissez que la force ou la ruse.

L'ANGLAIS.

Ce sont les deux puissances qui se partagent le monde; enclume ou marteau, bour-

---

(1) Lib. de cive, ch. 13.

reau ou victime ; il n'y a pas de milieu, il faut être l'un ou l'autre.

LE FRANÇAIS.

Que ne dites-vous dupe ou fripon ; car le génie commerçant (1) ne connaît que l'argent. Vous agissez bien conséquemment à ces principes. Comme vous ne voulez pas être victime, vous êtes bourreau ; vous vous faites un droit public tout particulier ; tout ce qui parcourt les mers vous appartient, hommes, vaisseaux et marchandises, vous ne reconnaissez pas de neutres. Vous semblez dire : qui n'est pas pour nous est contre nous. Vous mettez nos ports à feu et à sang ; vous portez le deuil et la désolation par-tout. Mais au milieu des fléaux qui accompagnent la guerre, nous préférons encore celle ouverte que vous nous faites aujourd'hui, à la guerre sourde que vous nous

---

(1) On sait que chez les anciens, Mercure était en même tems le dieu de l'éloquence, du commerce et des voleurs ; dans nos tems modernes on connaît la réponse de ce commerçant hollandais qui disait, si je savais gagner de l'argent j'irais jusqu'en enfer, aux risques de brûler mes voiles.

avez faite depuis la paix ; car vous cachiez le poignard sous l'habit, à présent nous le voyons à découvert, nous savons à quoi nous en tenir, et nous nous mettons sur la défensive.

L'ANGLAIS.

Vous êtes, à ce qui me paraît, partisan de la guerre.

LE FRANÇAIS.

Elle est le plus terrible fléau qui puisse affliger l'humanité, l'idée seule m'en fait frémir ; néanmoins quand on a affaire à un ennemi avec lequel il faut finir par en venir aux mains, qui ne nous donnerait la paix que pour parvenir à se coaliser avec les puissances, que pour laisser passer le tems favorable à la descente, que pour laisser user l'enthousiasme, que pour opérer quelques mouvemens dans l'intérieur d'ici à l'année prochaine, que pour nous faire épuiser toutes nos ressources, afin de tomber sur nous quand nous serons sans force et sans vie, avec l'impétuosité du vautour sur sa proie ; je crois que dans de pareilles conjonctures la guerre est préférable, car la paix ne ferait que prolonger l'agonie du commerce : les négocians qui savent qu'en 1755, vous avez pris trois cents bâtimens français avant la déclaration de guerre, que vous en avez fait autant avant de nous déclarer celle-ci, n'oseraient plus se remettre en mer. Les Français sont donc décidés à vaincre ou à périr, à moins que l'Angleterre ne lui offre les plus grandes suretés qui les mette à l'abri de sa mauvaise-foi.

L'ANGLAIS.

Au lieu de vous donner des garanties, nous entrerons en pour-parler : votre gouvernement, qui a des dispositions pacifiques, ne se refusera pas à nous entendre.

LE FRANÇAIS.

Le gouvernement français connaît votre arrière-pensée, ne s'en laissera pas imposer par vos finasseries, par votre astuce. En vous écoutant, il n'en fera pas moins les préparatifs de guerre nécessaires ; car c'est le seul moyen de forcer son ennemi à la paix ; *si vis pacem para bellum.* Il y a trop long-tems que vous jouez la France, pour que vous puissiez le faire encore. Votre cupidité étouffe la voix de la justice, et l'injustice vous perdra ; car la justice est l'arme la plus sûre pour triompher de ses ennemis, pour s'en faire des amis. La justice est le seul rempart que les particuliers et les nations puissent opposer à leurs passions, l'appui, le soutien des empires, tandis que l'injustice, qui est la source de toutes les calamités, des oppressions, des violences, des guerres, des insurrections, des révolutions auxquelles la société est sans cesse livrée, est le renversement des États ; tant il est vrai « que le plus fort n'est jamais, ainsi qu'on l'a dit, assez fort pour être toujours le maître ». Ce que la force arrache peut être arraché par la force ; ce que la ruse élude peut être éludé par la ruse. *Fiat justitia et ruat cœlum.* Voilà quelle doit être la devise d'un gouvernement sage et éclairé : car, comme le dit Plutarque, *Jupiter lui-même n'a pas le droit d'être injuste.* Agésilas ayant entendu nommer le roi de Perse le grand roi ; eh ! comment, s'écria-t-il, serait-il plus grand que moi, s'il n'est pas plus juste ? Votre roi Georges qui ambitionne l'empire du monde, peut-t-il se flatter d'être un grand roi, lui dont les jours sont marqués par les injustices les plus criantes envers les nations. Qu'il voie Charles Premier monter sur l'échafaud, et subir la peine de son injustice envers Stafford, dont il avait signé l'arrêt de mort! Qu'il jette un coup-d'œil sur la France, qu'il voie l'injustice de l'ancien gouvernement, la banqueroute des Law, des Terray, creuser le tombeau de la monarchie, la banqueroute faite sous le directoire, saper les fondemens de son autorité, et bientôt la renverser. Que ne doit pas craindre Georges, qui foule sans pudeur tous les principes de la justice (1)? Disons-le hardiment, il n'y a que des ignorans ou des ennemis cachés de l'autorité qui puissent lui conseiller l'injustice ; c'est ce que fait votre M. Pitt, qui perdra, comme je vous l'ai dit, le roi et l'Angleterre.

---

(1) *Discite justitiam moniti et non temnere Divos.*
Le juste, dit Épicure, est le seul qui puisse vivre sans trouble et sans crainte. L'injuste au contraire est toujours dans la crainte et dans l'agitation. *Justus à perturbationibus maximi liber est ; injustus autem à plurimis perturbationibus obsidetur.* (Diogen. Laert. de Vit. et doom. Philosop. lib. 10, seq. 120.

Rends-moi justice, disait une femme à Philippe, *ou cesse d'être roi.* Tant il est vrai que la justice est la dette des gouvernemens.

Rien n'est si dangereux qu'un ignorant ami,
Mieux vaudrait un sage ennemi.

L'ANGLAIS.

Voilà de grandes idées sur la justice. Tout le monde en parle. Le nombre de ceux qui la pratiquent est bien petit ; il ne nous reste donc qu'à vous faire la guerre.

LE FRANÇAIS.

Oui, à moins que le parti de la paix ne réussisse à vous dessiller les yeux ; car chez une nation qui a produit d'aussi grands hommes, d'aussi grands philosophes, il en est, nous le savons, qui sentent que les Anglais et les Français sont faits pour s'estimer, s'aimer et non s'entr'égorger. En effet, ils n'ont pas été sans observer que la paix fit, pendant trente ans, le bonheur de la France et de l'Angleterre, sous le cardinal de Fleury, et que la guerre a toujours fait le malheur de l'un et l'autre pays. Si le parti de la raison, de l'humanité, de la justice triomphe chez vous, que les Français auraient de plaisir à vous présenter l'olive de la paix ! sinon attendez-vous à une guerre à toute outrance.

HUITIÈME DIALOGUE.

La descente des Français en Angleterre, soit qu'ils soient vainqueurs, soit qu'ils soient vaincus, doit donner l'éveil aux autres nations, et occasionner la chûte du Gouvernement Anglais ou de l'Angleterre.

L'ANGLAIS.

Vous voulez faire la descente ; c'est fort bon. Mais avec quoi la ferez-vous ? Nous avons pris la précaution de détruire vos vaisseaux et les marins, les d'Estaing, les Kersaint et tous les officiers de marine dont nous redoutions les talens. La marine est la seule chose qu'on ne puisse pas faire avec de l'argent, c'est-à-dire, les marins, car un marin ne se forme pas en un jour ; il faut des connaissances, et joindre la pratique à la théorie.

LE FRANÇAIS.

Vous avez cru, en détruisant notre marine et les marins de la France, éterniser le despotisme que vous exercez sur les mers? mais le génie de Bonaparte suppléera au défaut de vaisseaux. Il trouvera le moyen de franchir l'espace qui existe entre vous et nous, et tombera sur vous avec la rapidité de l'éclair. Talleyrand-Périgord vous l'a dit: « Si le gouvernement anglais donne le signal de la guerre, il ne restera plus au gouvernement de la République qu'à se confier en la justice de sa cause et au Dieu des armées; » et le Dieu des armées semble se prononcer contre celles de l'Angleterre, en les faisant moissonner par la peste en Egypte et à Malte, et en répandant l'esprit de vertige dans vos conseils. Quand Jupiter veut perdre les méchans, il commence par leur ôter la raison, et vous l'avez perdue.

L'ANGLAIS.

Que ferez-vous avec vos bateaux plats?

LE FRANÇAIS.

Ils seront en si grand nombre, que vous serez enveloppés de toutes parts. Ne voit-on pas les fourmis envahir un terrain?

Dans le commencement de la révolution,

qui aurait cru que des guerriers d'un jour viendraient à bout de vaincre les plus grands généraux de l'Europe (1)? Cette révolution n'a-t-elle pas produit des prodiges? Les obstacles sont le chemin de la vertu. Les Français sauront les applanir, et vous prouveront ce que peut une grande nation commandée par un grand homme.

A vaincre sans péril on triomphe sans gloire,

et la gloire est le mobile des actions des Français, elle leur fait affronter tous les dangers; l'idée seule de combattre pour l'honneur national, de défendre la cause de tous les peuples, est faite pour les électriser.

L'ANGLAIS.

Encore une fois, que prétendez-vous faire contre l'Angleterre, lors même que vous seriez secondés par quelques puissances, puisque l'Angleterre seule a autant de bâtimens de guerre que toutes les nations ensemble?

---

(1) Où sont ces grands guerriers, dont les fatales ligues,
Devaient à ce torrent opposer tant de digues?
 L F

LE FRANÇAIS.

Nous le savons ; mais Tyr, Carthage, Rhodes, Alexandrie étaient célèbres par leur commerce, couvraient les mers de leurs vaisseaux, et ont été vaincues par des ennemis qui n'en avaient point. Vous devez savoir que les Français ne s'informent pas du nombre, mais seulement du lieu où campent leurs ennemis.

Redoutez, croyez-moi, la fortune de Bonaparte, qui dirait comme César au pilote qui tremblait dans la tempête : *que crains-tu ? tu portes César et sa fortune.*

L'ANGLAIS.

Il faut se défier d'un bonheur trop constant. Vous savez ce qui arriva à Policrate, qui trouvait dans son bonheur même le pressentiment de son malheur, qui jeta à la mer un diamant précieux qu'il retrouva quelque tems après dans le corps d'un poisson qui lui fut servi sur sa table.

LE FRANÇAIS.

Toute comparaison cloche, et sur-tout celle-ci ; car le génie conduit la fortune de Bonaparte, qui en est l'ouvrier, et non l'ouvrage.

L'ANGLAIS.

Nous désirons voir Bonaparte s'embarquer. Pitt ne lui pardonne pas d'avoir coupé d'un coup de sabre le nœud gordien de sa politique. N'ayant pu le vaincre sur terre, il se flatte de le vaincre sur mer. Vous ne l'ignorez pas, c'est un combat à mort entre Pitt et Bonaparte. Pitt achetera son secret ; car, comme on vous l'a dit, *il y a un fil d'or conducteur de Londres à Paris* où tout se fait par l'or et pour l'or ; il sait se procurer le tarif des consciences ; d'ailleurs la séduction, l'impéritie, la vengeance, l'amour-propre, l'ambition sont autant de ressorts que Pitt a le secret de faire mouvoir pour gouverner les gouvernemens eux-mêmes, et leur faire adopter ses vues sans qu'ils s'en doutent.

LE FRANÇAIS.

Bonaparte a coupé le fil d'or ; il ne confiera son secret qu'à des hommes incapables de le trahir, parce qu'il sait qu'un secret est l'ame d'un projet. Sa conduite discrète le prouve : quand vous l'attendrez d'un côté, il se présentera de l'autre : d'ailleurs, il ne se livrera à son enthousiasme, à l'indignation que lui inspire votre mauvaise-foi, votre perfidie, qu'autant qu'il sera assuré de ne pas compromettre le salut de son pays ; car il ne s'appartient plus à lui-même ; il est la propriété, non-seulement de la France, mais encore du genre humain, dont il défend la cause.

L'ANGLAIS.

Enfin vous croyez au succès de la descente ; mais on est bien fort quand on est chez soi.

LE FRANÇAIS.

Vous connaissez l'intrépidité, l'impétuosité des Français, nécessaire dans une pareille entreprise. D'ailleurs, comme le disait Coucy à Charles V, « les Anglais ne sont jamais si faibles, ni si aisés à vaincre que chez eux. »

L'ANGLAIS.

La descente, à la possibilité de laquelle nous ne croyons pas, nous est indifférente : elle ne l'est pas pour Bonaparte ; car s'il échoue dans son entreprise, c'est une atteinte portée à sa gloire, et l'honneur sera pour nous ; « le Premier Consul perdant chaque jour de sa réputation, sera forcé de mettre fin à une lutte aussi dangereuse pour sa puissance. Il demandera la paix, lorsqu'il verra que tout l'avantage sera de notre côté, et toute l'humiliation du sien (1) ».

---

(1) Extrait du Morning-Post, Moniteur, 20 vendémiaire an 12.

LE FRANÇAIS.

Vous paraissez indifférent sur la descente, ne pas craindre nos bateaux plats ; mais si vous ne les redoutez pas, pourquoi tous vos préparatifs qui vous ruinent ? pourquoi venir jusque dans nos ports pour les bombarder ? pourquoi un seul bateau plat qui a paru sur la côte a-t-il jeté l'alarme dans tous les esprits ?

Nous connaissons votre tactique, vous voulez d'avance perdre Bonaparte dans l'opinion, en cas de non-succès. Vous n'y parviendrez pas ; car je suppose que Bonaparte ne réusisse pas, quel serait son crime ? Ce serait d'avoir voulu être le vengeur des nations, d'avoir cherché à les affranchir ainsi que les Français du despotisme des Anglais ; d'avoir tout mis en usage pour établir l'indépendance des mers, pour préserver nos ports et nos villes de la fureur de nos ennemis, pour faire fleurir le commerce de la France. L'honneur national, la prospérité publique, l'amour de l'humanité lui en faisaient un devoir. Dans tout état de cause, vous ne viendrez pas à bout de faire prendre le change aux Français sur leurs véritables intérêts ; ils sentent trop le besoin, la nécessité dans les circonstances actuelles de l'investir de toute leur confiance pour la lui refuser.

Quand vous dites que la descente vous est indifférente, je vous observerai qu'elle ne doit pas vous l'être. En effet, soit que les Français triomphent, soit qu'ils succombent, soit qu'ils soient vainqueurs, soit qu'ils soient vaincus, je vois dans la défaite même des Français la cause de la chûte du gouvernement anglais ou de l'Angleterre elle-même.

L'ANGLAIS.

Développez votre pensée.

LE FRANÇAIS.

Volontiers, je suppose que les Français soient vaincus; je dis que la chûte du gouvernement anglais ou de l'Angleterre sera le résultat inévitable de la descente, quelle qu'en soit l'issue. Si les Anglais sont vainqueurs, c'est alors qu'ils prétendraient réaliser le projet de la monarchie universelle, d'asservir tous les peuples. S'ils sont aujourd'hui si fiers, si insolens, que deviendraient-ils, s'ils triomphaient des Français ? Nous avons, diraient-ils, vaincus la nation qui a tenu tête à l'Europe; nous pouvons subjuguer l'Europe elle-même.

Le trident de Neptune est le sceptre du monde.

Le bandeau épais que les chefs des nations ont sur les yeux tomberait du moment où elles verraient que les Anglais veulent subjuguer l'Europe : on les verrait se liguer entr'elles, sentir le besoin de se réunir aux Français pour dompter l'orgueil de ces insulaires. C'est alors qu'il se formerait une coalition contre la Grande-Bretagne, comme il s'en est formé une contre la France. L'intérêt de toutes les nations ne permet pas d'en douter. Les puissances de la terre, ainsi que l'a prédit Linguet, se diraient: *brisons le sceptre de cette Rome de la mer*.

L'ANGLAIS.

Si Bonaparte réussit, si la descente a le succès que vous en attendez, croyez-vous que l'Europe ne craindra pas que la France à son tour veuille lui donner des lois?

LE FRANÇAIS.

Bonaparte prouvera qu'il sait vaincre la victoire elle-même ; que la descente n'a pas pour objet de porter le fer et la flamme partout, de tout saccager, comme vous le faites chez nous (1); que la descente n'a pas pour but

---

(1) Les Anglais ont porté le deuil et la désolation dans nos Colonies ; ils ont pris Sainte-Lucie ; voulu

des projets d'agrandissement : les Français veulent châtier les conseils du cabinet de St-James, qui sont responsables de tout le sang qui a et qui va couler ; affranchir les Anglais du joug ministériel sous lequel ils gémissent ; établir un code maritime qui consacre la liberté des mers, l'indépendance du commerce, qui assure la tranquillité et le bonheur des différentes nations. Voilà l'honneur que Bonaparte ambitionne ; le monde entier

---

s'emparer de la Martinique, et ont causé tous les troubles de Saint-Domingue. L'Angleterre fit passer des armes aux Noirs révoltés. « Nous aurions dû faire la paix avec la France il y a long-tems, disait un Anglais, quand ce n'eût été que pour la mettre aux prises avec Saint-Domingue ». « C'est aux efforts de l'Angleterre, a dit un des fils du roi Georges, que la France doit attribuer la perte de Saint-Domingue ».

Pitt pour nous faire perdre nos Colonies, recourut à ce stratagème ; il fit agiter à Londres au commencement de la révolution, la question de l'abolition de la traite des Nègres, persuadé que les Français voudraient devancer les Anglais, et rendraient la liberté aux Noirs ; quand il vit que les Français étaient tombés dans le piège, il fit ajourner jusqu'en 1800 cette question, persuadé que le désastre des Colonies de la France dégoûterait pour jamais les Anglais d'imiter les Français. La question fut reprise, et la traite des Nègres fut maintenue. *Crimine ab uno disce omnes.*   6....

est donc intéressé au triomphe des Français.

L'ANGLAIS.

Nous persuaderons tout le contraire aux puissances, afin de vous faire déclarer la guerre sur le continent.

LE FRANÇAIS.

Les puissances que vous avez toujours trompées ne seront plus vos dupes ; elles ne sont pas tentées d'affoiblir leur population, d'aller faire tuer la fleur de leur jeunesse pour seconder les vues ambitieuses des Anglais ; elles sont lasses d'être les tributaires de votre industrie, et de vous voir faire exclusivement le commerce des deux mondes.

Croyez-vous que « l'empereur d'Allemagne ait vu avec plaisir que vous l'avez abandonné, afin de conserver Ceylan et la Trinité; que vous avez laissé peser sur lui toutes les pertes de la guerre ? Vous lui aviez accordé des subsides pour lesquels il avait hypothéqué la Belgique, et vous vous étiez engagés à lui garantir cette province. Qu'est-il arrivé? Vous n'avez pas tenu votre garantie, et vous le forcez aujourd'hui à rembourser vos subsides, comme si ces deux clauses du contrat n'étaient point inséparables. Vous aviez garanti au roi de Suéde ses Etats, et vous n'avez pas voulu faire aucun sacrifice pour l'acquit de votre garantie, lorsque vous avez vu l'intérêt que l'empereur prenait à l'ordre de Malte; vous avez espéré que ce prince s'unirait à vous, et vous avez promis à l'ordre la restitution de son ile. On sait de quelle manière vous avez respecté cet engagement (1). »

» Dans l'an 7, au mois de nivose, quand l'armée commandée par le général Serrurier, marchait sur la Toscane pour chasser de Livourne les Anglais et les Napolitains; les Anglais qui avaient transporté dans la Toscane, pour leur propre intérêt, les troupes Napolitaines, ont préféré quand il a fallu évacuer ce port, de charger sur leurs vaisseaux les effets et marchandises des négocians de leur nation : ils ont refusé de porter la garnison Napolitaine, qui a été forcée de s'embarquer sur des navires neutres ».

L'an 7, au mois de fructidor, « lorsque l'armée commandée par le général Brune, forçait les Anglais au Helder, de se rembarquer honteusement, leur artillerie et leur

(1) Extrait du Journal des débats, 30 prairial an 11. (19 juin 1803.)

infanterie foudroyaient les troupes Russes, afin qu'elles soutinssent plus long-tems le choc des troupes Françaises, ce qui donnait aux Anglais plus de tems pour se rembarquer,, et fit prendre les Russes comme prisonniers de guerre ; ainsi les alliés de l'Angleterre sont toujours des victimes placées entre deux feux (1) ».

Croyez-vous que la mort tragique de l'empereur de Russie s'effacera sitôt de la mémoire de son fils Alexandre, doué des talens, de l'esprit, et des dons du cœur ?

Je n'en finirais pas, si je rapportais tous les traits de perfidie dont vous vous êtes rendus coupables envers les puissances. Comme elles savent que le renard change de peau, et jamais de caractère, elles ne sauraient plus avoir confiance en vous, qui ne trouvez votre repos, votre prospérité que dans la division, que dans l'affoiblissement des puissances continentales. Vous ne trouverez plus le secret de les armer les unes contre les autres. Le système d'inertie qu'elles adoptent suffirait pour détruire toute votre prospérité. Ne voit-on pas en mécanique une

---

(1) Mémorial anti-britannique par Barrère, 5 vendémiaire an 11. (28 septembre 1803.)

petite force détruire dans un corps le mouvement le plus violent ? Elles commenceront par vous fermer leurs ports, vous condamneront au suplice de Tantale, et finiront par agir et par s'armer contre vous. Abandonnés à vos propres forces, vous succomberez nécessairement ; car, comme le disait Byng, amiral anglais, dans son testament, dont je vous ai déjà parlé : « Nous sommes en vérité la puissance maritime la plus respectable, avec toutes ces carcasses, si nous trouvons des voisins assez complaisans pour nous fournir des hommes et des subsides, pour fournir aux frais de ces armemens ; mais si nos îles doivent fournir les matelots et les subsides pour les monter et équiper, elles sont épuisées à jamais, et sans espérance de pouvoir se relever ».

La Grande-Bretagne avec toutes ses ressources n'est pas en état d'armer et d'entretenir seulement une campagne ces flottes innombrables qu'on fait sonner si haut (1) : déjà les puissances indignées de votre déloyauté refusent de vous fournir des hommes; vous ne pourrez plus vous battre par procuration avec des guinées ; il faut que vous vous

---

(1) Testament politique de Byng ; pag. 179.

battiez en personne. Messieurs les Anglais ne s'accommoderont pas long-tems de ce régime; car la pipe et l'aune leur conviennent mieux que l'épée et le bivouac. Le prince Eugène qui vous connaissait bien, disait au duc de Malborough : « Vos Anglais sont de braves soldats pendant un mois, tant qu'ils ont le ventre plein de rosbiff ». Aussi vous entend-t-on déjà dire : que vous êtes malheureux d'être anglais ! Vous le voyez, tout est action et réaction dans la vie; c'est ainsi que la flèche du méchant finit par le percer lui-même.

L'ANGLAIS.

L'esprit national nous fera faire tous les sacrifices.

LE FRANÇAIS.

Oui, mais la guerre, le défaut de débouchés paralysent vos fabriques, vos manufactures, privent les ouvriers qui y travaillent des moyens d'existence; la cherté du pain, des vivres qui croît en proportion de la diminution des moyens, amèneront chez vous une convulsion; les dépenses que vous faites pour la guerre l'accéléreront; le mécontentement, l'indigence, le désespoir culbuteront votre gouvernement, qui payera cher la folie de vouloir exercer exclusivement l'empire des mers. Je vous le dis, les Anglais ne mettront maintenant bas les armes qu'après avoir fait la révolution (1) qui s'avance à grands pas ; car déjà vous vous demandez pourquoi vous êtes en guerre. Le parti de la paix sera donc aux prises avec celui de la guerre.

L'ANGLAIS.

Vous nous prêtez de vouloir être les dominateurs des mers.

LE FRANÇAIS.

Vous ne voulez pas, nous le savons, en convenir ; mais le père de Pitt a eu la maladresse de révéler le secret du Cabinet de Saint-James : « On ne doit pas, dit-il, laisser tirer un coup de canon dans aucune partie du monde, sans la permission de la Grande-Bretagne dans la révolution d'un demi-siècle ».

___

(1) Le ciel semble annoncer les grands évènemens de la terre. La révolution française fut annoncée par des signes dans les astres. La révolution anglaise semble être annoncée par le globe de feu qu'on vit paraître à Londres il y a peu de tems, qui semblait vouloir consumer le monde, et qui répandit la terreur dans toutes les ames.

L'anglais philosophe qui cite ce passage, a tiré l'horoscope de l'Angleterre dans une brochure *in*-8°. qu'il a fait paraître en 1776, intitulée, *Coup-d'œil de la Grande-Bretagne*, où il dit : « le masque tombe, l'Angleterre a montré à découvert à tout l'Univers son ambition sans bornes ; mais le moment peut arriver où l'on donnera des fers à la République superbe qui pretendait en donner à la République générale de l'Europe ».

L'on verra s'accomplir ce qu'a dit Linguet en 1777, dans ses *Annales politiques, civiles, littéraires du dix-huitième siècle*. « L'Angleterre ne doit sa brillante existence qu'aux fautes de ses voisins ; elle a eu une crise plutôt qu'une époque de gloire, qui lui sera funeste ; et avant peu, par le cours seul des choses, pourvu du moins qu'il soit secondé, il faut qu'elle redevienne ce qu'elle est par la nature une puissance du second ordre en Europe avec une influence très-bornée dans les autres parties du monde. Venise était moins riche (disait-il à cette époque), moins orgueilleuse, moins puissante au seizième siècle, quand tous les potentats de l'Europe se réunirent pour en partager les dépouilles ; elle se sauva, parce que l'imprudence agitait alors tous les trônes, parce qu'un délire inconcevable de perfidie, d'avarice, de crédulité, de trahison régnait dans tous les conseils ». L'intelligence, le concert des puissances entr'elles, justifieront la prédiction de Linguet qui a calculé les évènemens (1).

L'ANGLAIS.

Votre Linguet, qui a payé de sa tête son courage, son amour pour son pays, n'était pas infaillible. Il pourrait s'être trompé. Enfin, selon vous, quel parti nous reste-t-il à prendre?

LE FRANÇAIS.

Celui d'imposer silence aux fous qui sont disposés à tout sacrifier dans l'espoir de se sauver, d'écouter la voix de la raison, de mettre des bornes à votre ambition, de renoncer à l'empire exclusif des mers, dont la

---

(1) Linguet considérait dans cet ouvrage l'Angleterre « comme un corps hydropique, appuyé sur deux jambes (l'Amérique et les Indes Occidentales), dont la première ne tient plus au tronc que par un filet prêt à rompre ; (le filet est rompu, puisque l'Angleterre a perdu l'Amérique) et la seconde annonce déjà des symptômes de gangrène, qui en opère tout également la séparation avant peu ».

La première partie de la prophétie s'est accomplie; la seconde est à la veille de le faire.

propriété ne vous appartient pas plus qu'aux autres nations, de faire une paix sincère avec la France, d'abjurer la haine implacable dans laquelle on vous a élevés contre ce pays, de vivre en bons amis avec ses habitans, votre intérêt vous en fait un devoir. Déjà la réflexion commence à dessiller les yeux des négocians, des fabricans de Londres, qui sentent tout le tort que la guerre fait à leur commerce, puisqu'ils « ont donné » ordre aux chargeurs de vendre et de réa- » liser à tout prix, fût-ce à 50 pour 100 de » perte sur les prix de facture, les denrées et » marchandises qu'ils font exporter (1) ». Ce sont vraisemblablement ces considérations qui affaiblissent le parti de la guerre, et qui font tourner tous les regards vers Fox, l'ami de l'humanité, à qui l'Angleterre redevra peut-être son salut.

---

(1) Journal des débats, 10 frimaire an 12 (2 décembre 1803.).

FIN.

www.ingramcontent.com/pod-product-compliance
Lightning Source LLC
Chambersburg PA
CBHW070308100426
42743CB00011B/2404